XIANDAI ZHIYE JIAOYU TIXI XIA
ZHIYE BENKE JIAOYU CHUANGXIN YANJIU

现代职业教育体系下
职业本科教育创新研究

杨秀英　张小莹　杨　静 ◎著

图书在版编目（CIP）数据

现代职业教育体系下职业本科教育创新研究 / 杨秀英，张小莹，杨静著. -- 北京 : 中国书籍出版社，2024. 6. -- ISBN 978-7-5068-9928-4

Ⅰ. G649.21

中国国家版本馆CIP数据核字第2024KE9744号

现代职业教育体系下职业本科教育创新研究

杨秀英　张小莹　杨　静　著

图书策划	尹　浩　李若冰
责任编辑	李　新
责任印制	孙马飞　马　芝
出版发行	中国书籍出版社
地　　址	北京市丰台区三路居路 97 号（邮编：100073）
电　　话	（010）52257143（总编室）（010）52257140（发行部）
电子邮箱	eo@chinabp.com.cn
经　　销	全国新华书店
印　　刷	廊坊市博林印务有限公司
开　　本	710 毫米 ×1000 毫米 1/16
字　　数	218千字
印　　张	15.5
版　　次	2025 年 1 月第 1 版
印　　次	2025 年 1 月第 1 次印刷
书　　号	ISBN 978-7-5068-9928-4
定　　价	76.00 元

前　言

职业本科教育是现代职业教育体系建设的突破口，是多元化高等教育系统中的新成员，职业本科院校需要通过厘清并履行自己的职能而成为真正意义上的新型大学。作为承担职业高等教育的新机构，职业本科院校既是职业学校的一个层次，又是高等学校的一种类型。兴办职业本科教育是适应我国实体经济发展需要，打通职业教育学历“天花板”的重要举措，亦是破解地方普通本科高校向应用型转型过程中出现诸多困境的战略抉择。因此，本书以现代职业教育体系为背景，对职业本科功能定位进行研究。

本书共包括六章内容，第一章为职业教育的基础理论，探讨了职业教育的历史演变、职业教育的功能、职业教育的结构和职业教育的道德与指导；第二章为现代职业教育的改革发展，介绍了现代职业教育的概念、现代职业教育的课程改革、现代职业教育的教学方法和现代职业教育的师资队伍建设、现代职业教育的高质量发展；第三章为现代职业教育体系，研究了现代职业教育体系的含义、框架、约束条件和 突破路径；第四章为大学功能、职能与大学生观念研究，主要介绍大学功能的演变与重建演变、大学职能的演变与未来发展和大学生观念研究；第五章为职业本科教育的创新实践，对职业本科院校的基本职能与定位和职业本科教育的问题与实践探索进行了相关研究；第六章从本科层次职业教育的内涵、本科层次职业教育的人才培养、本科层次职业教育的发展与保障以及本科院校职业化转型中的专业改造研究职业本科教育的发展与保障。

笔者在本书的撰写过程中，参考和借鉴了国内外很多相关的研究成果及期刊、著作、论文等，在此对相关作者表示诚挚的感谢。当然，由于笔者的学识和经验有限，书中难免会有疏漏和不足之处，恳请各位专家学者与广大读者批评指正。

作者

2023 年 7 月

目　录

第一章　职业教育的基础理论

第一节　职业教育的历史演变

一、中国古代的职业教育

（一）原始社会的生产教育传说

中华民族是一个具有悠久历史和自己独特文化传统的民族。在我国一些古籍中有着关于原始先民生活状况传说的记载。如《韩非子·五蠹》写道："上古之世，人民少而禽兽众，人民不胜禽兽虫蛇。有圣人作，构木为巢，以避群害，而民说之，使王天下，号曰有巢氏。民食果蓏蚌蛤，腥臊恶臭，而伤害腹胃，民多疾病。有圣人作，钻燧取火，以化腥臊，而民说之，使王天下，号之曰燧人氏。"再如《易·系辞》中所说的有巢氏、燧人氏、伏羲氏、神农氏应不是个人，而是一个时代的象征。这时教育尚未从生产活动和生活实践中分离出来，教育的含义可以理解为在劳动过程中成年人将创造和积累的取火、造屋、耕种、渔猎等生产、生活经验传授给年轻一代，使之一代一代地传承下去，并不断完善发展。这一时期，有传授生产、生活技术的教育活动，但因为社会没有明显的分工，所以不存在职业教育。

大约在旧石器时代晚期，距今约四五万到二万年前，我国存在着按性别和年龄的不稳定的分工。到了新石器时代晚期，我国人民的生活已经进入畜牧兼农耕的阶段，社会生活有了较明显的分工。他们个人与一般氏族公社成员在职责上就有了区别。同时，男子和女子在畜牧、农耕上开始有了不同的分工，比较艰巨复杂的手工工艺如制陶等也要由专门的人来担任了。大约在五千年前，我国龙山、齐家、良渚等文化时期，人类社会已经开始进入铜石并用的时代。

轮制陶器和冶金技术是这个时期工艺技术发展最突出的标志。这些生产技术一定要通过专门训练才能传授给后代，并且这时已有了掌握一定文化知识的“巫”，氏族公社的成员已经需要按分工来进行培养了，在原始社会中这些具有不同职能和知识技术的人，向青年一代传授不同的知识技术的活动，可以视为最原始的职业教育萌芽。这时的传授方式是口耳相传，和跟随长辈在实践中学习，这种方式在劳动人民中沿袭了许多世纪。

（二）先秦时期的职业教育

公元前 21 世纪到公元前 16 世纪的夏朝是我国历史上第一个奴隶制国家。据古籍记载，夏代已经产生了学校，但无直接的证据可考。公元前 16 世纪到公元前 11 世纪的商朝，学校已有较多的文物可证。这说明夏以后体脑的大分工已经完成，学校的产生标志着教育活动逐渐从生产和生活中独立出来，享受学校教育成为贵族奴隶主的特权，学校成为培养统治者的机构，奴隶和生产劳动知识技能被排除在学校教育之外，奴隶只能在强迫劳动中接受某些训练。到西周（公元前 11 世纪—公元前 770 年）时期，教育大体由三个部分组成。

1. 国家学校系统

国家学校系统主要由国学和乡学两大部分组成。具体来说，国学即在京师设立的四学：辟雍位于中央（又称成均），东胶位于东侧（又称东序），瞽宗位于西侧（又称右学，注意此处“右”可能是相对于某一特定视角而言，实际布局需结合具体历史背景理解），虞庠则设在国都的西郊，这些共同构成了中央的官学体系。而在诸侯的封地上，所设立的学校被称为“泮宫”。至于乡遂及以下的地方，则同时设有庠和序两种学校。这些学校的教学内容主要围绕六艺展开，即礼、乐、射、御、书、数，旨在培养统治者和一般行政官吏。

2. 职官教育

在先秦时期，随着国家的形成和发展，国家政权为了有效治理国家，设立了多个领域的官职，涵盖农业、商业、居住、交通、司法、天文、历算、占卜、乐舞、历史、医药等领域。这些官职各自掌握了不同的职能和专业知识，并且往往是由家族世代相传，形成了特定的职业群体。为了满足这些官职对专业人才的需求，职官教育应运而生。职官教育的特点在于它是一种专门化的教育，由经验丰富的老官吏通过师徒制的方式，将专业知识、职业技能以及治国理政的经验传授给年轻的后辈。这种教育模式不仅确保了国家机器的顺畅运作，使各个官职能够由具备专业知识和能力的人才来担任，而且促进了各类专业知识的发展和完善。因此，职官教育为先秦时期的社会稳定和发展提供了重要的人力资源保障，成为当时职业教育的重要组成部分。

3. 地方教化

教化是指由管理生产的官吏或奴隶、工匠之间对生产知识技能的训练或传授。周朝设于官府的手工作坊，其工艺技术由能工巧匠传授。《礼记·冬官·考工记》称：国有六职，百工居一焉。“知者创物，巧者述之，守之世谓之工”。这种由地方官负责传授农业生产技术和手工业中父子师徒世代相传技艺的方式，后来在封建社会中构成职业教育的一种主要形式。

从夏代开始，经过商代到西周，我国古代职业教育的雏形已经形成。其标志是：从原始氏族对公社成员无差别地传授劳动技能，发展为按社会不同分工进行不同的教育与训练；从年长一代向年轻一代传授各种知识技艺，发展为有专门的人或专职的人负责教育与传授，并且分工固定，世代相传，逐步形成稳定的各行各业。

（三）秦汉至 1840 年的职业教育

在我国两千多年的封建社会中，职业教育大体可以分为以下四种形式。

1. 职官教育

我国封建社会对于掌握专业知识官吏的教育与培训，从国家的教育体制而言，主要是通过政府的业务部门进行培养，也设有少数专科学校，见表 1-1。

表 1-1　中国古代各朝代职官教育举措

朝代	举措
秦朝	提出欲学法令者，以吏为师，重视法令教育
魏晋南北朝	医学受到重视。北魏宣武帝永平三年（公元 510 年）颁《立医学馆语》，是最早提倡医学专科教育的措施
隋朝	隋文帝时，设立专门管理教育事务的“国子寺”，炀帝时为“国子监”。在大理寺设律学，开政府职能机构正式设学之先河
唐朝	唐代是我国古代专科教育和职官教育最发达的时期。国子监下设律学、书学、算学。中书省管辖的太医署中设医学，地方府、州官学亦设医学。太史局设天文、历数、漏刻诸学。太仆寺设兽医，太卜署设卜筮
宋朝	理学兴起，科技和专科职官教育逐渐衰落。宋代国子监下设有武学、律学，太史局设有算学，翰林院下设书艺局并设立书学，同时画学也作为独立机构存在（而非画局下设），太医局则设有医学

续表

明朝	专科学校只有武学、医学、阴阳学和为培养翻译人才而设的“四译馆”
清朝	职业教育机构只剩下算学馆和教授俄语的俄罗斯馆

2. 专业教育

依靠家传或立学收徒传授专业知识技能是古代职业教育的又一重要形式。作为职业，世代家传或从师学习的首推医学。许多名医都是世业。南北朝的徐子才即出生于世代名医之家，六代中有十一位著名的医生。明朝李时珍，祖孙三代行医。历代名医也多有收徒传授医道的，如清代名医陈念祖广收门徒，并在临床与教学的基础上为初学医的人编著《时方歌括》《医学三字经》等入门教材。①

天文、算学、数术、艺术、书画等专业技术的传授，也在很大程度上靠家传世业或私人传授。

3. 工匠培训

我国的官府作坊有悠久的历史，最早见之于《周礼·考工记》，至秦官制中有管理官府工匠的将作、少府之设。唐代设有将作监掌管造之事，少府监掌制作之事，还有军器冶监等。这些官府手工业规模很大，工种繁多，除进行制造、修建供应宫廷、官府和军事各种需要外，同时进行工匠培训。最初民间工匠、手工业者的职业培训都是世袭家传，因此，在传习的职业上有很大的地区和家族色彩。到了唐代才出现了世袭以外的传授，使收徒传习成为民间职业和技术教育的又一重要方式。

4. 农业技术的传授

我国古代经济政策始终把农业置于首位，因此很重视农业技术的传播

① 高奇. 职业教育原理 [M]. 北京：光明日报出版社，2019.

与推广，所谓“劝课农桑”。除国家颁行各种农书外，地方官负有传播推广和改良农业生产技术的责任，历代都有地方官或专职官员做过这项工作。

除地方官吏外，还有一些专家，或根据自己的经验，或总结一个时期的种植、养殖经验，写成专著，在农业科技传播与教育上起了重要作用。如北宋蔡襄所著的《荔枝谱》是世界上最早的果树栽培专著，明代中叶有喻本元兄弟著的《元亨疗马集》《疗牛集》《驼经》，记载饲养和治疗大牲畜的方法，等等。

对于广大农民群众子继父业，父子相传仍是农业技术主要的掌握方式。几千年来积累下的有关农事的歌谣、谚语、口诀如“冬无雪，麦不结”“收麦如救火”“种地不上粪，等于瞎胡混”，以及二十四节气歌等，极为丰富，集中起来就是一部传授农业知识的百科全书。

二、中国近现代的职业教育

（一）清朝末年职业教育的发展

其最初是作为清政府洋务派为巩固封建统治的所谓富强新政的一部分而存在。所以，大部分为官办，服务于军工工业，一些学校直接附属于军工工厂。学校数量很少，规模不大，在整个教育系统中不占重要地位，尚无统一学制和课程，有些学校校务和教学都委托给外国人，缺乏自己的师资、管理人员和办学经验。但近代技术学校的产生，打破了以四书、五经为主要内容的传统教育，传播了近代的自然科学、工艺学、农艺学，培养了中国第一代新式知识分子、技术人员和熟练工人，为清末近代新教育制度和实业教育系统的建立奠定了基础。1903 年清政府颁行癸卯学制，首次将实业教育列入学制，在学校系统中，单成体系。实业学堂包括实业教员讲习所、农业、工业、商业和商船学堂。各项实业学堂均分初、中、高三级。高等实业学堂招收中学毕业生，预科 1 年，本科农业 4 年，其余 3

年。中等实业学堂收高小毕业生预科 2 年，本科 3 年。初等实业学堂招收初小毕业生，学制 3 年。另外还规定有艺徒学堂，收初小毕业生，学制半年至 2 年为速成科，3 年到 4 年为完全科。还有实业补习普通学堂，收高小修业 2 年以上，年龄在 15 岁以上，已在外操作实业，且愿增加其学历的。在教育行政管理上，学部设实业司，各省设实业科，形成一个实业教育系统。这个系统的建立使我国职业教育从古代以师徒、父子相传为主的形式向近代学校职业教育制度转化，构成了我国职业教育发展的一个新阶段。

但是，癸卯学制是封建王朝的学制，其精神与现代教育距离甚远，实业教育仍仅限于传统分工之工、农、商三科教育，尚未包括近代的各种职业分科。清政府特别强调这种教育：其学专求实际，不尚空谈，行之最为无弊。因此，就整个学校制度而言，重点仍在培养“通才”的普通教育系统。

（二）现代职业教育的发展

1912 年的辛亥革命是中国民族资产阶级领导的革命，在辛亥革命初期出现了一股发展民族工商业的热潮。在这种兴办实业的热潮下，我国的民族工商业又有一定程度的发展，顺应这个形势，一些教育家大力提倡发展职业教育。1912 年当时的教育总长蔡元培将实利主义列入民国教育方针。在 1912 年到 1913 年间形成的壬子癸丑学制将实业学校分为甲乙两种，甲种实业学校施行完全普通实业教育，收高小毕业生，预科 1 年，本科 3 年得延长 1 年。乙种实业学校施行简易之普通实业教育，收初小毕业生，学制 3 年。女子职业学校就地方情形，与其性之所宜参照各项实业学校规程办理。手工图画课在小学中列为正式科目。第一次世界大战期间，中国的民族工商业得到较快的发展，急需人才，发展职业教育更成为当时教育改革的重要议题。1917 年“中华职业教育社”成立，以宣传、推广、改进职业教育为宗旨。在各方面的推动下，1922 年颁布的壬戌学制，职业教育占有重要地位，建立起我国现代职业教育系统。

中华人民共和国成立前教育事业极不发达，鉴于这种现状，学制规定初小毕业即开始分流，实际上能上到高中的学生大都为了升学，在这种情况下，高中阶段实行综合中学制度。加上师资、设备、教材等又无必要的准备和条件，实行的结果是办理困难，中学职业科缺乏生源。采用综合中学制原意在加强职业教育，但因中学设职业科，反而影响了职业学校的发展。1932 年国民党政府教育部设立了中等教育阶段的中学、职业和师范三种学校，其中职业学校以就某业中的一科单独设置为原则，但有特殊情形时，亦可设数科。初级职业学校以“县立”“市立”为原则，高级职业学校以“省立”或“直隶市立”为原则。社团、工厂、商店农业职业机关或私人，均可设立职业学校，依私立学校规程办理。职业学校类别分农业、工业、商业、海事、医事、家事及其他七类。短期职业训练班办理方式分委托办理、指定办理及自行办理三种，期限 3 个月至 1 年，必要时得延长或缩短。职业学校的课程，最多由各校参考欧美、日本的成例及校内情形自定，分歧参差。后为提高教学水平，由教育部规划各科课程标准，1934 年刊行《职业学校各科课程表教材大纲设备概要汇编》。

关于职业师资的培养，在《各省市学校职业学科师资登记检定及训练办法大纲》中规定：高级职业学科师资训练班招收高中、师范、旧制中学、高级职业学校、甲种实业学校毕业生予以 3 年至 4 年的训练，或高级职业学校、甲种实业学校毕业生，对原所学职业学科作为继续研究者予以 2 年的训练；初级职业学科师资招收初级中学及 3 年制毕业的乡村师范学校，或初级职业学校毕业生，予以 3 年的训练，或初级职业学校毕业生对原所学职业学科作为继续研究者，予以 1 年至 2 年的训练。职业学科师资训练科学生参照师范生优待办法，免除学费及膳费。职业学校学生以不收学费为原则。在普通教育系统，1936 年教育部公布的《中学修正课程标准》规定：初中设劳作课，第 1 年木工，第 2 年金工，第 3 年分木工、竹工、土工及农艺畜牧 4 组，各校得视地方情形只设 1 组，1 组以上学生得选修 1 组；

女生则学家事课。初中第3学年视地方情形设职业科目4学时。高中从第3学年设商业会计、簿记、统计、应用文书、打字、农艺、园艺、合作社等简易职业科目。

至20世纪30年代，我国的职业教育在规章、制度上已趋于完备。这种三类学校分立、以单科设置为原则的格局，一直延续到中华人民共和国成立之后。

三、中国当代的职业教育

（一）建立以技术学校为中心的职业教育

1949年中华人民共和国成立，我国的职业教育进入一个新的历史时期。1951年召开了第一次全国中等教育会议，确定在中等教育中首先对中等技术学校采取整顿和积极发展的方针。1951年10月政务院做出关于改革学制的决定，决定强调指出，原有学制的缺点之一是技术学校没有一定的制度，不能适应培养国家建设人才的要求。学制规定初级技术学校收小学毕业生，修业年限2—4年，技术学校收初中毕业生，修业年限2—4年等参照技术学校的规定。中小学为普通教育，1952年教育部颁发试行的《中学暂行规程（草案）》和《小学暂行规程（草案）》，规定中学不设职业分科，高中有一学时的制图课，小学劳作不列入教学科目。1952年10月高教部发出的《关于调整全国中等技术学校学生人民助学金的通知》规定：各类各级中等技术学校学生，一律享受全部伙食供给，调干的可以有家庭补助。3年工龄以上的产业工人按75%发给工资，确定了我国职工带薪教育制度。1953年高教部《关于中等技术学校设置专业原则的通知》提出：中等专业学校设置专业力求集中单一，以不超过4个为原则。为了满足第一个五年计划的需求，从1952年到1953年对中等专业学校进行了全国性的调整。由原来的794所调为651所。以华北地区为例，调整后大部分学校趋向专业化和单一化，设重工业学校 20 所，轻工业学校 4 所，综合学校 7 所。

在大力发展技术教育思想的指导下，从 1950 年到 1953 年上半年短短两年多的时间，确立了从初级到高级的职业教育体系，提出了开办正规的、速成的、业余的各种技术学校或训练班适当配合发展的方针，制定了有关技术学校的各种规章制度，为复兴中国职业教育事业奠定了初步基础。

（二）发展中等专业学校和技工学校

1953 年以后，职业教育的主要形式是中等专业与技术学校。①中等专业学校。招收初中毕业生，学习年限工业性质的 3—5 年，农、林、医及其他学校 3 年，计划经济及会计等学校 2 年半至 3 年，业余中等专业学校年限按同类全日制中专的年限增加 1—2 年。毕业后由国家统一分配工作。②技术工人学校，招收初中毕业生，学制 3 年。至于招收小学毕业生的初级技术学校、职业学校在后来的发展中数量很少。直至 1963 年我国才逐步建立起完备的职业教育体系，将部分初中改变为各类职业学校。③高等职业教育的专科学校，1952 年时大学生中有 45% 为专科学生，但是认为专科学生水准不高，苏联学校制度中也无专科学校，所以从 1953 年以后专科学校逐渐停办，只保留少数师专、医专等学校。在工农业余教育方面，1951 年教育部和全国总工会联合召开第一次全国职工业余教育会议，确定工农业余教育的任务以文化教育为主，适当地结合政治教育、生产技术教育和卫生教育。1951 年 1 月全国职工业余教育委员会成立。

这样，在 19 世纪 50 年代上半期，在我国形成了一种以两类中等技术学校为主体的职业教育体系。技术学校的领导体制均归中央有关业务部门主管，实行集中统一的直接领导。

（三）推行半工半读，创设农业中学、职业中学

1955年，我国开始实行第一个五年计划，为实现国家工业化，逐步满足人民日益增长的物质和文化需要的任务。经济发展的需要、学习他国教育产生的弊端、当时开展的“反对修正主义”的政治运动和中小学生升学与就业问题的日趋尖锐化，使教育改革势在必行。1956年，教育部建议把全面发展与因材施教相结合作为教育的原则和方针。1958年的教育改革在职业教育上主要表现在三个方面：一是建立半工半读的职业学校，二是创办农业中学、职业中学，三是在普通中小学开设生产劳动课。但是，这次教育改革是在非常复杂的背景下展开的，搅乱了学校的教育思想与教育秩序，教育水平下降。

（四）改革中等教育结构，大力发展各类职业教育

1978年，我国明确了“科学是生产力”这一基本观点，大力发展职业教育成为我国的基本国策和长远的战略方针。从只面向升学转变为同时面向培养大批优良的劳动后备力量；从单一的普通中学教育体系转变为普通中学教育与职业教育并行。从此，我国的职业教育进入了一个新的发展时期。

第二节　职业教育的功能

职业教育是一种有针对性的教育，有着明显的职业指向性，也被称作“职业技术教育”，职业教育的目标在于向社会输送更多的专业人才，这非常符合我国当下的基本国情。培养大量专业人才的目的在于促进我国经

济产业的快速发展。从人力资本的层面看，当下亟待解决的问题就是如何进一步推动职业教育的发展，向社会提供更多的人才，以满足我国经济增长的庞大需求。

将拥有技能的专业人才输送给社会，满足其日益增长的人才需求是职业教育的基本目标。我国教育包含了四大板块，其中有一个就是职业教育，因此，职业教育与高等教育、基础教育和成人教育有同样重要的地位。职业教育中包含了初等职业教育、中等职业教育以及高等职业教育三种类型，不同类型的教育针对的是不同类型的人才，由此可以发现，职业教育已经开始主张教育要具备针对性的理念了。

职业性、经济性、终身性以及实训性是职业教育具备的四种特征。职业教育之所以不同于其他教育也正是因为这四个特征。扩大学生的基础知识面，提升学生的专业技术是职业教育的重点所在，这对受教育者在未来的职业选择和就业上都有着非比寻常的意义。不仅如此，职业教育的终身性能够将不同的教育方式提供给不同的人群，以满足其未来发展和就业的需求。基于此，职业教育的功能如图 1–1 所示。

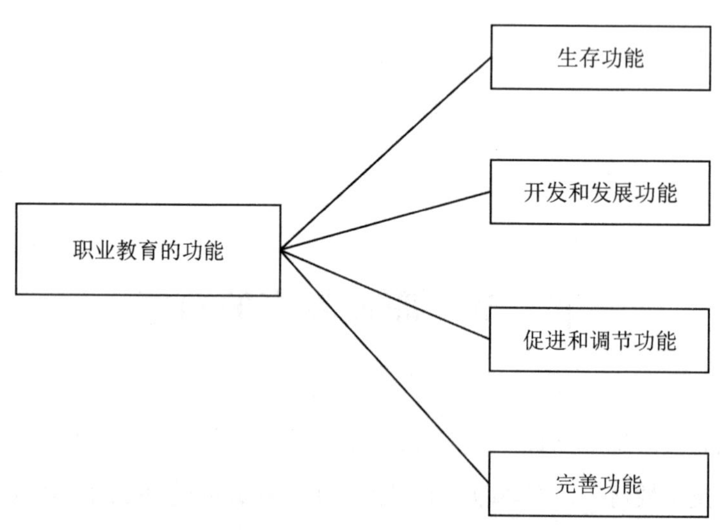

图 1–1　职业教育的功能

一、生存功能

教育是人类的生存方式之一，职业教育是人类社会生存与繁衍的必要条件。劳动力的再生产是社会再生产的必要条件，与生产劳动直接相关的职业教育和训练又是劳动力再生产的必要条件。

人类的社会性生产导致社会分工，社会分工产生了职业。复杂的社会分工构成了现代人类文明社会的复杂结构，职业成为现代社会组织的基本构架。随着生产力的发展，社会的分工越来越细，越来越复杂。所以，职业教育是保障社会生存、保持现代文明的复杂结构及经济和社会发展的先决条件。

二、开发和发展功能

职业教育是人力资本开发的重要途径，是培养应用型人才的重要途径。一个社会的人才结构，需要通过职业教育体系所划分的层次、专业的设置、课程的开发，使千差万别的职业形成一个合理的人才结构层次和培养人才的科学系统，形成可以通过教育与培训达到的职业资格标准，为人力资源的开发提供准绳，为企事业单位提供用人的依据，使人力资本开发做到系统化和规范化，使国家研究型、工程型、技术型人才和高级专业人才、中级专业人才、初级专业人才保持一个合理的比例，使国家的人力资源能够构成一个知识技术结构合理、高效率的智力群体。

职业教育是人的全面发展教育的一个组成部分。由于各种职业之间的差异和人的个性差异是客观存在的，故不是每个人都同样地适应某种职业。因此，在个人与职业之间存在着某种匹配关系。职业教育是专业的定向教育，不同的个性对于不同的职业有着不同的意义。职业教育可以通过定向教育与培训，开发个人潜能，发展学生的特殊兴趣与才能，充分发挥人的个性特长，并弥补人在某种职业上才能的不足，使之顺势成才。

而且，通过职业教育（职业指导）所提供的服务，人们可以选择自己的职业，发挥自己的特长，发展自己的兴趣，实现自己的理想，满足展示个性的需要。

三、促进和调节功能

（一）职业教育的促进作用

1. 职业教育为社会发展提供各类人才

（1）经济人才。职业教育是国民经济发展的重要基础，经济人才可以将科学研究成果或工程方案转化为现实的生产力。

（2）精神文明建设人才。职业教育通过所设置的专业，培养从事信息、教育、文艺、文化、新闻、出版等各行业的人才，直接为促进社会主义精神文明建设服务。

2. 职业教育促进经济的发展

（1）提高生产率。受职业教育者所获得的能力，在生产活动中具有增值效应，即提高教育水平能够提高人们在经济活动中的生产力水平。

（2）有效应对知识经济和经济全球化。职业教育可以使受教育者有能力面对技术变革和全球商业融合的挑战，通过为劳动者提供技能使之有效参与劳动市场。因此，发展职业教育对一个国家或社会应对知识经济和经济全球化、实现经济结构调整至关重要。

3. 职业教育促进精神文明的建设

职业教育通过其教学活动（内容、课程、教材、教法）对人类已经创造的文化具有选择、整合、传递、积累与保存的功能；具有吸收、融合、传播本国和世界先进文化的功能；通过职业学校的科研成果、教育实践也具有创新文化的功能。

职业教育通过其全部教育与教学活动对学生进行政治思想教育、公民道德和职业道德教育、心理素质和心理健康教育、环境和生态教育等，培养学生成为有理想、有道德、有文化、有纪律的人才，是社会精神文明建设的一个有机组成部分。所以，职业与技术教育作为终身学习的组成部分，在新时代应发挥至关重要的作用。因为，它是实现和平文化、有益于环境的可持续发展、实现社会和谐和国际公民意识的有效手段。①

（二）职业教育的调节功能

职业教育的生命力源泉在于其能够主动适应劳动力市场的不断变化。它不仅致力于使受教育者掌握从事特定职业所需的能力和资格，还通过培养“核心能力”（即关键能力），赋予他们开发就业机会、保持就业稳定以及灵活变更就业方向的能力。职业教育可以通过对失业人员的转业、转岗培训，帮助他们重新就业。通过专业设置与各种培训，调节与解决社会结构性失业问题，促进就业。

培养创业能力是职业教育（职业指导）的一个重要功能。自主创业、自主经营不仅是社会大规模就业的一种主要形式，而且在调节社会劳动力的供求关系、缓解失业方面有着重要的作用。

四、完善功能

随着社会与经济的发展，职业教育逐渐改变了其在教育体系中的地位。现在职业教育已经转向宽基础的、使学生具有继续学习和发展能力的教育。

① 刘来泉. 世界技术与职业教育纵览［M］. 北京：高等教育出版社，2002.

职业教育具有两种主要形式——学校式、学历式的职业教育和非学校式、非学历式的职业教育，具有两种证书——学历证书和职业资格证书。所以，职业教育是一种极为灵活开放的教育类型，它可以做到使任何人在任何地点、任何时候，通过不同方式学习其所需要的任何内容。随着职业教育的发展，将会逐渐形成一个可以使受教育者实现多种选择的教育制度，一个可以通过各种不同教育途径得到不断发展的教育制度。

职业教育本质上是一种具有终身性质的教育形式。在现代社会快速发展与变革的大环境下，随着产业结构的持续调整和技术的日新月异，一个人在其一生中极有可能会接受多次职业培训和再培训。这种教育形式如同一条贯穿人生旅程的线索，有潜力伴随个人终身，为个人在不同阶段的职业发展提供有力支持，因此，职业教育构成了继续教育的重要组成部分。

随着知识经济的蓬勃兴起，新知识、新技术如雨后春笋般涌现，实践经验已成为知识体系中不可或缺的关键一环。在衡量个人能力和职业素养的天平上，职业证书与学历证书在重要性上逐渐并驾齐驱。在某些注重实践操作技能和行业经验的领域中，职业证书的重要性更是超越了学历证书。教育路径不再局限于传统的从初中到高中再到高等教育这种单一的直线晋升模式，而是向着多元化、个性化的“扁平化”方向发展。人们为了在竞争激烈的就业市场中脱颖而出，增强自身的就业竞争力，将积极致力于掌握多种不同层次、不同类型的职业能力，并且保持持续学习的状态。当这种积极主动追求多元职业能力提升和持续学习的趋势在社会中成为普遍现象时，这意味着我国正稳健地迈入学习化社会的门槛。因此，职业教育不仅是个人职业发展的关键支撑，更是推动构建学习化社会不可或缺的核心力量，它宛如一台动力强劲的引擎，为社会成员的终身学习和整个社会向学习化迈进提供源源不断的动力和坚实的保障。

第三节　职业教育的结构

一、职业教育结构的特点

职业教育结构的特点，如图 1-2 所示。

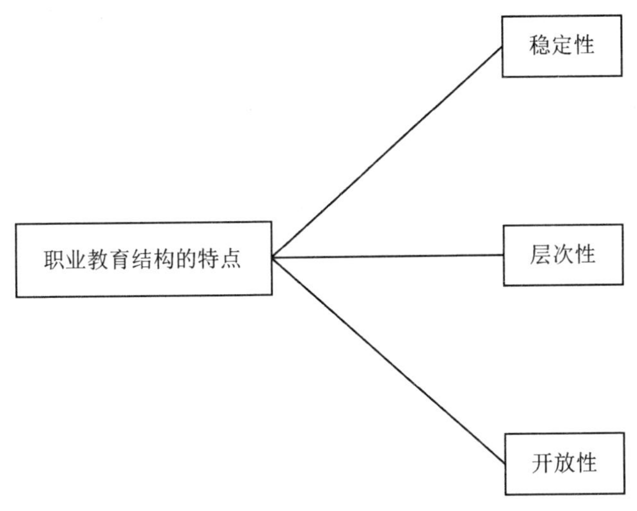

图 1-2　职业教育结构的特点

第一，稳定性。就职业教育结构本身而言，其基本要素不会经常发生变化，内在发展具有相对的稳定性。职业教育结构从宏观上说，一般由体制结构、层次结构、形式结构、布局结构、专业结构等要素构成。不论教育制度如何变化，不论职业教育以何种速度发展，都离不开这些基本的要素。正因为这些构成要素的相对稳定性，决定了职业教育特定质和量的规定性，形成了职业教育特有的办学功能。

第二，层次性。职业教育结构与其他任何事物的结构一样，具有明显的层次性特点。按照职业教育的性质划分，可以分为宏观层次结构、中观层次结构、微观层次结构。按照教育结构的功能划分，可分为表层结构和深层结构。

第三，开放性。高等职业教育结构是教育结构中的重要组成部分，而且与社会、经济发展，特别是地方经济的发展联系非常密切。所以，职业教育结构是置于社会、经济发展的大环境中运行的，具有高度的开放性特点。也就是说，开放渠道越畅通，教育结构中的要素就越活跃，要素内外碰撞的机会就越多，在动态变化中与社会、经济系统的交流就越广泛，职业教育的适应性就越强。

二、职业教育结构的影响因素

（一）经济全球化对职业教育结构的影响

目前经济全球化的趋势加速，对职业教育的影响是巨大的。职业教育将从地区、国家走向国际化，同时，要调整结构、扩大规模和提高质量以应对国际经济的激烈竞争。新的全球经济环境要求进一步调整职业教育的方向，使之能够更灵活地适应学生、职工和雇主的要求。从终身教育和可持续发展的观念出发，职业教育将向“发展需求驱动型”转化。

（二）市场经济对职业教育结构的影响

（1）人才市场。市场是商品经济的产物，市场存在的前提是商品的交换，商品的产生源于社会分工，职业的产生也是由于社会分工，所以，职业教育与商品生产有着天然的联系。职业教育决定于社会分工、服务于社会分工，同时又是促进社会分工和深化社会分工的有力手段。职业教育是一种规范性的定向教育，只有劳动力的所有权和职业资格是明晰的，劳动者才能顺利进入劳务市场。职业教育起着稳定分工，培养各行各业所需人才的作用。同时，在分工深化，新行业、新职业出现时，职业教育也具有前瞻和先导的作用。

（2）职业教育市场。当劳动力、技术、信息等都作为生产要素进入市场后，就形成了职业教育市场。在职业教育市场中，市场机制对职业教育的调节作用，主要是通过劳动力市场来进行的。劳动力市场的需求决定着职业教育的层次、类型、专业、布局和规模。职业教育产品的价格由市场竞争来调节，通过市场调节可以优化教育资源的配置，提高教育资源的利用率，增强办学效益，实现利益激励和优胜劣汰的功能。国家和政府必须对职业教育进行宏观调控，对国家需要的艰苦专业给予政策上的扶持；对处于不利地位的人群，如妇女、残疾人、失业者、低收入者等给予政策上的扶助，以保障公民的受教育权。

（三）市场运作对职业教育结构的影响

根据资本运营的理论，投入职业学校的每一种资金包括资金、教师、土地、设备等都是资本。按照市场经济资本运营的方式，学校的全部资源都可以价值化或证券化。可以通过学校资本的流动来优化学校的资本结构；也可以通过对现有资产的重组，盘活闲置或效益不高的资产，提高办学效益。股份制的学校运作方式目前也正在试验中。

（四）知识经济对职业教育结构的影响

知识过去更多地被理解为科学理论、书本知识，而知识经济建立在知识和信息的生产、分配和使用（消费）之上。在知识经济条件下，知识产业作为主导产业，更注重的是知识的应用。实践经验所获得的知识，应用知识解决问题的能力就提到了重要地位。所以，20 世纪 70 年代从北美兴起的以能力为基础的职业教育，迅速在国际上得到了共识。

知识经济使知识的作用和地位发生了变化。知识生产力已成为生产力、竞争力和经济成败的关键。为了培养知识型、创新型和复合型的人才，必须改革传统的实用性训练的职业教育，要加强基础、普职沟通、提高层次、完善体系。随着工作与学习的界限越来越模糊，通过工作进行教育将成为职业教育的重要手段。

（五）技术革命对职业教育结构的影响

新技术革命源于20世纪30—40年代的理论突破，在50—60年代得到初步发展，70年代后期开始蓬勃发展，到80年代中期已呈推动全球之势。新技术革命的成果将被大规模地转化成新的生产主力。新技术革新使各国越来越清楚地认识到，高新技术的发展将决定21世纪自己在世界上的位置。知识及其有效的使用对国家的繁荣是至关重要的。发展高新技术必然要发展高等教育，包括高等职业教育；同时，也必须有大量中初级的技术人才，使高中初级的技术人才保持一个合理的比例，才能使社会的劳动人口形成一个知识结构合理的高效率的智力群体。

技术革新直接推动各行各业的发展与变化，推动社会的进步和需求、消费的变化，行业技术的发展和行业职能的变化，直接要求职教创新。

教育的重要功能之一是传递信息，可以说有什么样的传播工具就会有什么样的教育方式。现代信息技术，特别是计算机的使用，使信息可以实现零距离、零时差地交互传播，信息源获取的丰富性和便捷程度是以往的传播手段所无法比拟的。教材将突破目前平面的、静态的书本形式，成为多种媒体、声像俱备、能反映事物内部结构和连续变化过程的动态形式。多媒体和交互技术为个性化教育提供了可能。这必然引起教育观念、教育组织、教育内容、教育模式、教育技术、教育环境以及学习方式的深刻变革。职业教育也将走向信息化、网络化，通过建设教学信息库、网上课件、计算机辅助教学、模拟教学、远程教学等，实现一种开放、共享、个性化、动态化，相互协作、无限交互的职业教育教学体系。

（六）终身教育观念对职业教育结构的影响

人一生的教育涉及因素包括教育结构、课程内容、作用与地位、在各年龄段（童年期、青春期、成人期和老年期）的各种教育。将教育贯穿于人的整个一生与人的发展各个阶段，必须为基础训练提出新的目标，必须制定、保持和发展符合个人利益、也符合集体利益的终身教育体系，推动教育的连贯性与完整性。

在当代社会，各行各业对人才的需求呈现出多元化趋势，不再局限于单一类型的人才。因此，构建一种新型、包容性强且灵活度高的教育体系显得尤为重要。教育的功能已转变为为学习者提供最大的发展潜能与动力，确保每个人都能够接受到适应现代世界复杂挑战所需的训练。这意味着，教育应当致力于培养能够应对实际、具体问题，并具备跨领域能力的多样化人才。通过提供广泛的学习机会和个性化的成长路径，教育应助力每个人发掘自身潜力，满足社会多样化的需求，从而在快速变化的世界中立足并发展。

三、职业教育结构的构成

职业教育结构的构成，如图 1–3 所示。

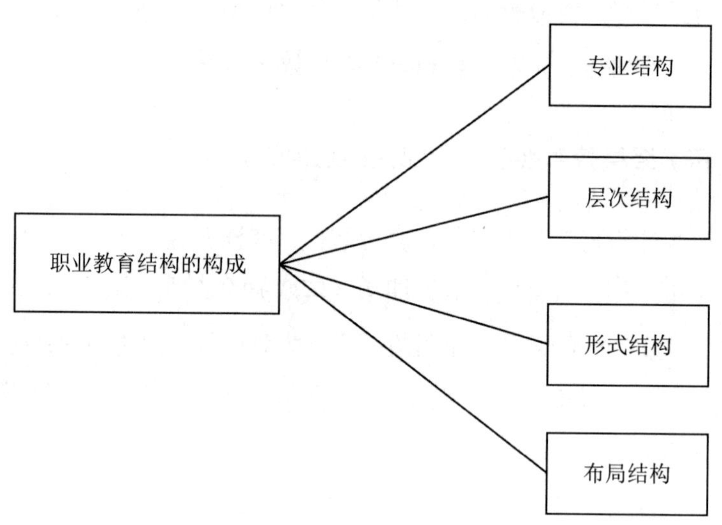

图 1-3　职业教育结构的构成

（一）专业结构

职业教育专业结构主要受经济结构的制约，经济结构直接决定职业教育结构的调整与改革的方向。职业教育是直接为地方经济服务的，地方经济结构特别是产业结构和技术结构调整和改革，对职业教育专业结构的改革与发展影响很大，反过来说，地方经济中的产业结构、技术结构是职业教育专业结构调整、改革、发展的主要依据。因此，高职教育专业结构的调整与提升必须从产业结构调整、发展的大局出发，考虑和研究区域范围内的专业结构问题。在专业结构问题上，既要考虑办学的超前性，又要考虑区域产业结构发展的特点；既要服从地方经济发展水平的要求，又要通过自身结构的优化，更好地服务于地方经济的发展。

（二）层次结构

职业教育的层次结构是由我国的政治制度、区域经济发展水平、文化发展方向等多种因素决定的。职业教育层次结构的主要任务是，最大限度地满足地方经济发展的需要，按照各层次人才需求的比例来培养各种不同层次的技术应用型人才，促进经济结构、产业结构、技术结构与职业教育层次结构的协调发展。职业教育的层次结构主要由专科层次的职业教育、本科层次的职业教育、研究生层次的职业教育构成。根据我国的基本国情和经济发展水平对技术应用型人才的实际需求，现阶段仍以发展专科层次的职业教育为主，形成以专科层次的职业教育为主体，以本科层次的职业教育、研究生层次的高职教育为两翼的层次结构模式。高职教育层次结构的调整与提升应与地方经济发展水平和生产力发展水平相适应。

（三）形式结构

职业教育的形式结构涵盖了高职院校教育和职业技术培训两部分内容。高职院校教育是一种正规的、长学制的、以人力规划为基础的、以学校为主要基地的学历教育，而职业技术培训则是一种紧密结合市场需求和区域产业特点，根据职业岗位和转岗的特定需要而传授相关的知识和技术，一般人们习惯称它为“非学历教育”。

（四）布局结构

职业教育布局结构与我国社会、经济、人口发展有着十分密切的关系。职业教育机构主要布局在中等城市，这是由职业教育突出为地方经济和行业发展服务，为生产一线和广大农村培养技术应用型人才的办学目标所决定的。

第四节　职业教育的道德与指导

一、职业教育的道德

道德是由一定的社会关系决定的，依靠社会舆论、传统习俗和人的内心信念来维持的，表现为善恶对立的社会意识和行为规范的总和。从社会而言，由于社会分工所产生的相互交往是社会关系中的主导方面，作为个人而言，其一生大部分时间是职业生涯。所以，无论从事何种职业，也无论劳动的直接对象是人还是自然物，最终都是为人们的生活服务的，都要处理职业活动中所产生的人与社会、人与人和人与自然之间的关系，由此而产生了职业道德。职业道德是社会道德的一个重要组成部分。职业道德是所有从业人员在职业活动中应该遵循的行为准则，涵盖了从业人员与服务对象、职业与职工、职业与职业之间的关系。

（一）职业道德的特点

职业伦理是伦理学的一个分支，职业道德具有一般道德共有的特征。前面所讲的道德的基本原理，对职业道德都是适用的。但职业道德作为一种特殊的道德范畴，也具有自己的特点。

1. 专业性和行业性

职业道德首先的特点就是其专业性。如医生，救死扶伤是专业性的医德，并且在处理医生与患者两者之间的关系时所应有的态度和行为，这种认识会升华成为道义上的责任感。

由于职业道德的专业性，所以职业道德是具有行业性的，不同行业有不同的社会职责，也就具有各自特有的道德规范。

2. 社会的制约性

职业道德与职业的专业活动直接相关，但任何一种职业活动都不可能脱离一定的社会条件而存在。在阶级社会中，形成职业基础的分工与阶级的分化同步发展。所以，归根到底，是社会的经济基础和生产关系在总体上决定和制约着职业道德。同时，在不同的社会发展阶段，不同的生产力和生产关系之下，对职业道德的认识和要求也有所不同，职业道德不可能一成不变，而是与时俱进的。在阶级社会中职业道德被打上了阶级的烙印，职业道德被纳入阶级利益的框架之中。如在君主专制制度下，“忠君”是为臣的最高美德；在封建等级制度下，无论从事什么职业都不准以下犯上，“恭顺”被统治者定为一切职业中处理上下级关系的最根本德行。

商业道德中的“货真价实”在人类社会中早已存在，并且随着社会和科学技术的发展，职业道德的范围也在不断扩展。例如，关于生殖性克隆人、人类基因组成果的研究和应用等，是以往职业道德所未曾涉及的。目前，器官移植、试管婴儿、安乐死等都冲击着传统的医德观念，网络安全、太空活动等都在呼唤新的职业道德规范。

3. 稳定性和连续性

职业道德虽然随着社会发展而产生变化，具有历史的和阶级的制约性，但因社会分工中许多职业的职能自古以来就其实质而言是共同的，由于职业道德的专业性，许多专业知识具有客观的真理性，因而职业道德比其他道德具有更大的稳定性和连续性。[①] 如师德、医德等，都说明了职业道德具有稳定性、连续性和继承性。

① 高奇. 职业教育原理 [M]. 北京：光明日报出版社，2019.

4. 不平衡性

道德行为的本质是区别善恶，是一种思想品质的修养，因此，具有高下之分。在人与人之间、社会集团之间甚至行业之间都具有不平衡性。影响职业道德的因素很多，社会制度、经济体制、社会风气、职业特点、历史传统、风俗习惯等，都与具体职业道德的形成相关。至于个人，还包括家庭影响、教育水平、成长的不同历程，其差别就更为明显；个人在执行职务中的品德行为，更是多种多样。作为一种思想境界，一种对至善和完美的不断追求，对职业道德的完善也是没有止境的。所以，职业道德具有相当大的不平衡性，高尚者如孔子可尊为“万世师表”，但也有个别的人可以说根本不具备职业道德，这也说明了进行职业道德教育，树立优良行业风气的重要性。在职业道德品质的养成上，表率的作用是十分重要的。

（二）职业道德的功能

作为总体道德的一部分，职业道德同样具有道德的一般功能。在职业道德中更突出的功能有三个方面：

（1）对职业职责的认识功能。职业道德来自职业职能，一经形成，就成了独立于人们意识之外的认识对象。职业道德是以道德行为表现出来的，职业道德规范往往能形象地反映或表述职业职责，是使人认识职业职责的重要手段。

（2）对行业发展的促进功能。良好的职业道德所形成的责任感、义务感，会促使从职从业者积极掌握专业的知识技能，精通和发展本专业。职业道德对行业的发展起着积极的促进作用。当然，过时陈旧的职业道德观念也会对行业的发展起阻碍作用。

（3）激励和警示功能。道德是区分善行与恶行的，因而，在人们执行职业职务时起着激励和警示的作用。如“救死扶伤”的医德可以激励医务工作者竭尽全力挽救患者的生命，而警示“见死不救”的恶行。“为政清廉”可以激励为官者保持操守，而警示“贪污受贿”“贪赃枉法”的恶行。“诲人不倦”可以激励教师全心全意为学生的进步而想方设法，而决不“误人子弟”。“忠于职守”可以激励仓库保管员用生命保护国家财产，而警示“贪污盗窃”的恶行。这种激励和警示功能是职业活动中不可或缺的，其作用是巨大的。

（三）职业道德规范

在长期的职业实践中，形成了各行各业的职业道德规范，其中有一般的对从职从业者修养的要求，也有各行业、企业制定的行为规范。如爱岗敬业（乐业、勤业、精业），诚实守信（诚实无欺、讲究质量、信守合同），办事公道（客观公正、照章办事），服务群众（热情周到、满足需要），奉献社会（把公众利益、社会效益摆在第一位）的职业道德，是对所有从职从业者的共同要求。

行业职业道德是建立在总体职业道德要求之上的，但又具有自己的特点。在调节范围上，行业职业道德主要是用以约束本行业的从职从业人员，调整同一职业与社会及行业内部人与人之间的关系，和他们与所服务的对象之间的关系，对其他行业不具有约束力。在内容上，行业职业道德规范是各行业形成或制定的职业道德规范，作为一种规范，其内容要鲜明地表达本行业的职业义务、职业职责和职业行为上的道德准则。

行业道德也是一般道德范畴如义务、良心、公正等在具体行业中的体现。在表现形式上，行业职业道德的表现形式多种多样，有规范、公约、誓词、守则、准则、律、训、风等表现形式，并以简明扼要、形象生动、富有韵律的语言叙述，使之易被人接受，易懂、易记。

二、职业教育的指导

（一）职业教育的指导原则

1. 坚持职业教育与产业发展相结合的原则

坚持职业教育与产业发展相结合就是指在发展职业教育时，始终要以未来就业为导向，紧密结合产业发展，有针对性地安排职业教育的内容，设置专业方向，确定教育方式，确保教育的针对性和实效性。

（1）以国家产业发展目标为导向。职业教育要以国家产业发展目标为导向，使学生适应国家产业结构的调整。

（2）以区县产业发展为导向。职业学校可以开设与各区县产业，特别是各区县特色产业、支柱产业相适应的教育内容和课程，通过定向培养的方式，促进学生与企业的无缝对接，通过职业教育带动就业、就业带动企业、企业带动产业的良性互动，推动各区县产业发展。

（3）更新教学内容，丰富培训方式。职业院校要时时更新教学内容，使教材、案例、技术都适合现代产业的要求。要丰富培训方式，利用讲授教学与体验教学相结合的方式，培养学生学习的积极性。

2. 坚持统一部署和分类指导相结合原则

各地区要以自身的发展规划为基础，发展任务为目标，切实转变职业教育方式，完善当地的职业教育发展规划，优化职业教育布局，从各地的实际情况出发，因地制宜形成自身的职教特色。

3. 坚持立足当前和着眼长远相结合

在制定职业教育目标时，要坚持当期目标与长远目标相结合。当期目标和长远目标是一个整体，长远目标涵盖当期目标，当期目标是长远目标的基础。因此，二者相互结合，既能立足当期夯实基础，又能着眼长远循序渐进。在制订教学计划时，还要与提升学生的素质相结合，注重学生的能力培养，使他们灵活掌握就业技能，成功就业。

（二）职业教育的指导措施

1. 实施职业教育扩招工程

各职业学校应进一步拓宽生源渠道，除了吸纳本地区的学生以外，还要积极招收外地学生来就读。此外，要积极推进工业职业技术学院校区建设，为职业教育提供良好的物质基础。

2. 实施劳动力素质提升工程

职业教育资源要面向农村开展培训，使劳动者掌握就业、创业必需的技能，增强其就业能力。启动“一村一名大学生工程”和“一村一名中专农业技术员、动物防疫员培养计划”。加强对革命老区适龄就业人员的职业培训。大力发展农村中等职业教育，充分发挥农村职业学校、成人技术学校以及农业技术推广培训机构的作用，将农业技术推广、科技开发、扶贫开发和教育培训紧密结合起来，着力培养一批有文化、懂技术、会经营的新型农民，以及社会主义新农村建设的带头人。

3. 实施农村职业学校建设工程

进一步推动职教中心建设与发展，使其成为人力资源开发、劳动力转移培训、技术培训与推广、扶贫开发和普及高中阶段教育的重要基地。加强乡镇成人学校建设，建设示范性乡镇成人学校。

4. 实施技能型人才培训工程

结合各地区实际情况，培养一大批生产、服务一线急需的技能型人才。

加强继续教育和再就业培训，完善职工培训体系，加快高级工和技师的培养。职业学校要把培训城镇失业人员、农村富余劳动力作为重要任务，提高其就业创业能力。

5. 实施示范院校建设工程

进一步加强高职院校和部级重点中等职业学校建设，辐射带动当地职业院校的发展。工业职业技术学院要在创建省级示范性院校的基础上，进一步完善新城高教园区设施条件，创办部级示范性院校。

6. 实施职教资源整合工程

各级政府要从实际出发，对辖区内中等职业教育资源进行统筹整合，优化资源配置。通过盘活资源，建设一批装备水平高、师资力量强、办学规模大、教学质量高、特色鲜明的现代化职业学校。围绕构建具有特色的现代产业体系需求，组建一批职业教育集团，促进职业教育向特色化、品牌化方向发展。

第二章　现代职业教育的改革发展

第一节　现代职业教育的概念

职业教育是一种复杂的教育活动，对其概念的认识也是复杂多样的。下面从广义与狭义、外部与内部四个角度对其概念做分析。

从广义的角度理解“职业教育”的概念包括三层含义：①所有的教育和培训都具有职业性，均有职业导向，因为所有的教育都影响着个人的职业；②职业教育和培训包含了所有类型的技术传授；③职业教育既可以在家庭中传授，也可在工作单位或正规院校传授。

从狭义的角度理解“职业教育”的概念也包括三层含义：①职业教育就是培养高级工匠的教育；②职业教育和培训仅包含操作性技能之类的技术传授；③职业教育是同普通教育相对的，以专门培养中级专业技术人才为目的的学校教育，它处于大学层次之下，反映了教育体系内部的结构与分工。

2001 年，联合国教科文组织修订的《关于技术与职业教育的建议》认为：“技术与职业教育是作为一个综合术语来使用的。它所指的教育过程除涉及普通教育外，还涉及与学习、经济和社会生活各部门的职业有关的技术和各门科学，以及获得相关学科的实际技能、态度、理解力和知识。

技术与职业教育进一步被理解为：①普通教育的一个组成部分；②准备进入某一就业领域以及有效加入职业界的一种手段；③终身学习的一个方面以及成为负责任公民的一种准备；④有利于环境可持续发展的一种手段；⑤促进消除贫困的一种方法。”教科文组织所提出的上述解读，主要从职业教育的外部关系阐述了职业教育的外延和作用。这样的表述更易于让大多数国家的政府接受，并重视职业教育，这正是其用意所在。

职业教育还需要从其内部来审视其内涵。有学者论述了职业教育应该是一种不同于普通教育的独特教育类型，应该把职业学校真正办成遵循职业教育规律和特性，体现职业教育价值的教育机构，而不是作为低于普通学校的“二流”学校。还有学者将职业教育的概念表述为，“职业教育是培养技术应用型、技能型人才的一种教育或培训服务”，并将其理解为五个要点：①职业教育是教育的一种类型；②职业教育培养的是技术应用型、技能型职业的人才，而不是培养所有职业的人才；③职业教育是一种服务业，它为准备成为技术技能型人才提供教育服务；④职业教育培养的是人才，是在普通教育基础上进行的；⑤与普通教育具有层次之分，旨在培养技术应用型与技能型两类人才。

作为独特教育类型的职业教育，在课程方面，是以就业能力为导向的能力本位课程或工作过程课程；在教学方面，实施行动导向教学，实行工学结合的人才培养模式；在学生评价方面，要求以学生获得职业胜任能力和职业资格为依据，重行而不唯知；在教师评价方面，要从重升学率和学术成果转向重就业导向的课程开发和教学应用与转化；在管理制度方面，要建立起符合职业教育规律与特色的管理制度；在教育体系方面，职业教育是横向“结成”体系，而普通教育纵向“自成”体系。①

综上所述，职业教育是终身学习的重要组成部分，是全民教育的主要承担者，是以培养符合职业或劳动环境所需要的技能型人才为目标的一种

① 宁莹莹. 现代职业教育理论与实践探索［M］. 长春：吉林人民出版社，2021.

教育类型。它以职业需要为导向，以实践应用性技术和技艺为主要内容，传授职业活动必需的职业技能、知识、态度，并使学习者获得或者扩展职业行动能力，进而获得相应的职业资格。职业教育所培养的人才是技能型人才，进一步可以分为技术应用型人才和操作技能型人才，两者都需要具备一定的理论技术、实践技术、心智技能和运动技能，都需要在生产或服务的一线，通过行动将已有的设计、规范和决策转化为产品或服务成果。

第二节　现代职业教育的课程改革

一、职业教育课程的理念

（1）学科论。坚持在职业教育中保持学科课程的必要性，围绕知识的系统性组织课程。

（2）普通论。职业教育课程内容不应局限于某些特定的职业领域，而是要充分考虑个体适应多变社会的需要，以及人性本身完善的需要，充分体现出普遍性。

（3）职业论。削减理论课程课时的比例，增加实践课程比例，用围绕职业岗位的工作任务组织课程。

（4）专业论。职业教育是一种服务于个体就业与经济发展需要的教育，这是其核心价值所在，课程体系不应过多地受普通课程的干扰，而应当突出满足岗位需要的职业能力培养。

（5）基础论。基础性是职业教育课程设计的主要思考维度，课程内容不应仅以眼前的实用为取向，关键要为后续学习或发展奠定基础。

（6）实用论。实用性是职业教育课程设计的基本价值取向，职业教育课程要摆脱简单移植普通教育课程模式的倾向，降低课程内容的理论难度，关键要给学生提供对就业有价值的知识和技能。

二、现代职业教育课程的特征

现代职业教育课程的特征，如图 2-1 所示。

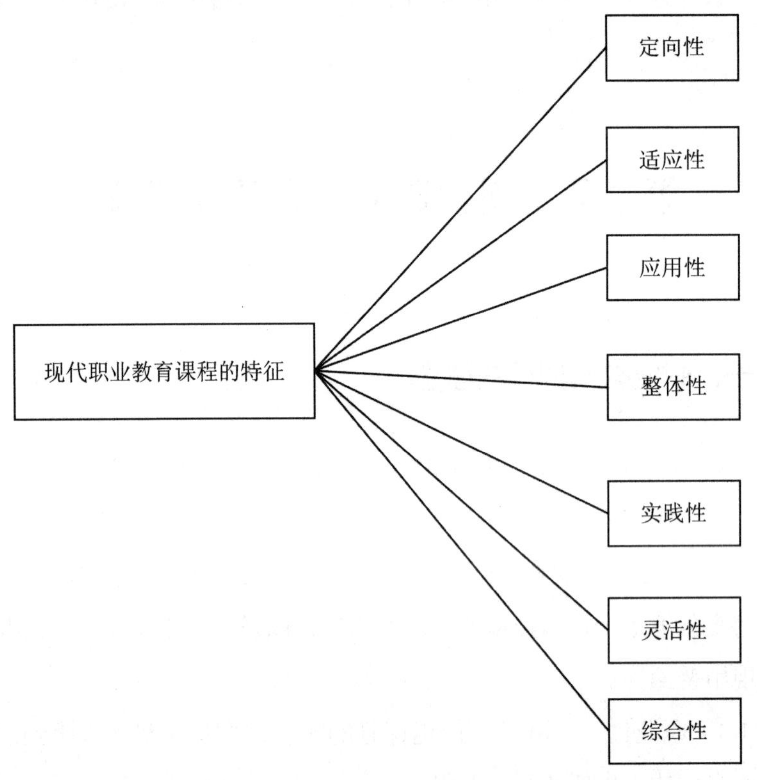

图 2-1　现代职业教育课程的特征

（1）定向性。职业教育培养的人才，都有具体行业、专业或工种的职业方向要求，同时，职业教育中的普通文化课程也要求体现出一定的职业性，因此，职业教育课程定位于特定的职业或职业群，具有职业的定向性。地方经济发展的差异与行业技术水平的高低，对同一职业领域的人才规格又有特定的要求，使得职业教育课程带有区域和行业特色，具有区域或行业的定向性。职业教育课程定向性的特征，要求采用职业分析的方法来制订相应的课程方案和课程标准。强调职业教育课程的定向性，并不意味着否定课程的适应性，而是要在课程开发中注重学生适应性从业能力的培养。这也意味着离开行业、企业参与的职业教育课程的开发、实施和评价是难以有效果的。

（2）适应性。职业教育课程的适应性主要体现在两方面：一是要适应经济社会不断发展的需要。根据社会需要培养实用人才是职业教育的根本任务。社会需要是不断变化的，因此，职业教育课程必须适应这种变化，并能根据需要的变化及时调整课程内容。这就要求职业教育课程开发必须进行劳动力市场需求分析，以使各专业课程的内容与地区、行业的实际需求相适应，与技术的变迁相适应。二是要适应不同学习者的需求。职业教育课程要与不同学习者的需求相适应，直接帮助学生形成广泛的知识、技能和良好的学习态度与价值观，增强学生的就业能力。

（3）应用性。职业教育作为从事职业的准备教育，是一种以学习将来的职业生活所需知识和技能为目的的教育，要求学以致用，学以谋生。在课程内容设置上，要紧密联系实际生产、服务和管理等职业实践，注重实际工作经验的积累和职业领域中所涉及的职业道德、职业规范和职业技能的整合，注重知识的实际运用，关注运用的条件、方法、手段及效果的评价等，而不是过分强调原理分析和理论推导，具有应用性的特征。强调职业教育课程的应用性，并不意味着否定课程的基础性。在注重职业教育课程具有职业活动应用性特征的同时，要在课程开发中注重个性发展所必需的共通性基础技能、知识和行为方式。

（4）整体性。职业教育课程的实施和评价具有整体性的特征。表现在课程的实施和评价，以及学生相应的学习过程应该是一个包括观察、思考、行动和反馈的整体系统。整体性是与职业活动系统的过程紧密相关的。因此，与之相应的课程的整体性体现为课程的计划、实施和评价是一个相互联系的总过程，是一种在传授技能与知识的同时，培养学生具备独立制订计划、独立实施计划、独立评估计划的能力的过程。强调职业教育课程的整体功能（整体性），并不意味着忽略课程的各个阶段，即计划、实施和评价的局部功能（局部性）。

（5）实践性。职业教育课程是一种包含了实验验证、实训模拟、代岗实习、代岗作业、创作设计等内容的课程。毕业就能顶岗工作或经过短暂的适应期后就能适应岗位工作，是社会用人单位对职业教育毕业生的要求。职业教育作为为具体工作做准备的教育，培养的学生必须能有效地完成工作任务。学习知识最为有效的途径是实践，因此，职业教育学生的学习过程应尽可能与工作实践过程相结合。把工作实践过程设计成学习过程，是职业教育课程的内在要求，是职业教育课程实践性的重要体现。

（6）灵活性。职业教育培养模式不但要适应职业领域和各地区劳动力市场的迅速变化，而且要满足学习者的多样化需求，因而在课程设置、课程结构上要求具有灵活性。职业教育的课程要及时实现专业方向的调整，灵活地实现教学内容的新陈代谢，激发学生学习的积极性和主动性，增加学习的灵活性，使学生根据就业需要和个人兴趣随时转换方向。灵活性还要求职业教育课程有极大的弹性和应变性以提高其适应性，职业教育课程模块化的趋势正是这种灵活性特点的反映。

（7）综合性。职业教育课程的内容以职业活动内容为主，以工作岗位所需技能为准则进行开发，某一门课程可能涉及多门学科知识，具有兼容性的结构特点。职业教育课程的形式是多种多样的，一般分为理论课和实践课。其中，理论课通常分为文化基础课、技术基础课和专业课，课程类型多，各种课程内容的呈现方式也多种多样，尤其是一些动作技能课，需要多种形式的教学媒体来传递。另外，职业教育课程的教学对象具有综合性，各种层次、各种年龄段的人都是其课程内容的接受者。

三、现代职业教育课程的类型

在职业教育课程理论与实践中，用不同的维度可以区分出不同的课程类型。

（一）按课程教学形态分

按课程教学形态可分为学科课程与活动课程。学科课程以学习学科知识为主，教学形态以课堂教学为主，在内容的组织上注重纵向的顺序及系统性、连贯性，通常偏重理论，强调形式训练和知识的迁移，传授知识的效率高。但学科课程往往对学生的技能训练、情感陶冶等较为忽视，因而较难达到使学生自觉地将理论知识应用于实践的目的。从职业教育课程形态的现状来看，主要还是学科课程，所以必须大力改革。①

在职业教育实践中，活动课程是指有计划，有目的地组织、安排一项或若干项实验、实习、设计、操作等专业性实践活动，使这些活动本身成为一种课程或一个课程单元。活动课程以让学生增加感受、体会为主，教学形态以走出课堂为主。活动课程打破了学科逻辑组织的界限，重视学生学习的主动性，注重学习同实际生活的联系，重视直接经验的作用，强调从做中学，培养学生手脑并用的实际应用能力，重视学生的个性差异，因而有利于克服学科课程的某些弊端。

（二）按课程管理和设置的要求分

按课程管理和设置的要求可分为必修课程与选修课程。必修课程是由政府或院校规定的，学生必须学习而且要达到规定标准的课程：选修课程不是由政府或院校规定必须开设的，而是学生可以在一定范围内选择学习。

① 宁莹莹．现代职业教育理论与实践探索［M］．长春：吉林人民出版社，2021.

选修课程又可以分为限定选修课程和自由选修课程。

（三）按课程组织方式分

按课程组织方式可分为分科课程与综合课程。分科课程通常又被称为“科目课程”，是一种单学科的课程组织模式。科目课程强调分科，强调不同学科门类之间的相对独立性和学科逻辑体系的完整性。综合课程是指运用两种或两种以上学科的知识观和方法论去考察和探究一个中心主题或问题的课程。综合课程是一种多学科的课程组织模式，它强调学科之间的关联性、统一性和内在联系。综合课程不是作为分科课程的对立形态出现的，二者各有其存在的价值，相互不可替代。

（四）按课程表现形式分

按课程表现形式可分为显性课程与隐性课程。显性课程是指院校情境中以直接的、明显的方式呈现的课程。大多数情况下，显性课程是以院校教育中有计划、有组织地实施的正式课程或称官方课程的方式呈现。隐性课程是指院校情境中以间接的、内隐的方式呈现的课程。隐性课程时常带有非预期性、非计划性，以非正式的、非官方的课程方式呈现，具有潜在性，因此，隐性课程也被称作“潜在课程”。隐性课程具有潜移默化的教育功能。我国的职业教育先驱黄炎培先生在实践活动中早就注意到了运用校风、校歌、校训和校徽的作用，来对学生进行职业道德教育和职业意识的培养。

（五）按课程的功能分

按课程的功能可分为公共基础课程与专业课程。公共基础课程指偏重人格修养、文化陶冶及艺术鉴赏的课程。它与专业知识相配合，兼顾学生继续教育的需求。公共基础课程一般包括德育课程（含职业素养课程、活动课程和社会实践等）、文化课程、体育与健康课程、艺术类课程，以及本专业有别于其他专业的基本能力培养等。专业课程提倡理论实践一体化，以实践为核心，辅以必要的理论知识，兼顾学生就业或继续进修学习所需基本知识和能力培养。一般包括专业基础课程、专业（技能）方向课程、专门化实训和顶岗实习。

此外，还可以按课程设计、开发和管理主体分为国家课程、地方课程与校本课程，按课程实施阶段分为建议课程、书面课程、感知课程、教授课程、体验课程、评价课程。

四、现代职业教育课程的改革对策

（1）确立课程开发的研究意识。许多人把课程开发简单地理解为编大纲、编教材，而“编”往往又只是“抄”或“拼凑”。同时，又犯了过于关注操作方法，而忽视了理念建设的错误。因此，必须改变课程开发的工作方式，把课程理念研究与课程产品开发结合起来，以创造性的设计思维去完成每一步开发工作，着力树立起课程开发的研究意识，努力形成每个专业乃至每门课程的创立理念。

（2）提高对开发成果的精细化要求。职业教育课程开发只有加强精细化，才能提高对每一个环节的开发意识，才能把笼统的要求细化成最终可执行的教学方案。然而，目前许多院校的课程开发多数情况是未能精细地把握某些关键的开发环节，这就必然影响课程目标功能的实际发挥。要改变这种状况，除了按照精细管理思想要求改变工作态度外，还必须加强对课程开发者的优选，在专家引领下通过课程开发提升教师的分析能力。

（3）加强对课程开发过程的控制。职业院校在课程开发行动之前，要制订详细的课程开发方案，细化课程开发过程，确立每一个环节的质量标准。在课程开发过程中要实施过程控制，努力控制每一个环节的质量。当然，课程开发是一个呈螺旋式上升的过程，情况往往是当教师完成后面的开发步骤后，回过来才能更好地修改先前完成的步骤。因此，加强对课程开发过程的控制，不能机械地理解为只有按要求完成了一个步骤，之后才能进行下一个步骤，而是要清楚地意识到每一步的质量标准。

（4）建立深度的校企合作机制。课程开发环节和项目体系的建立需要企业专业的深度参与和广泛支持。校企合作项目课程既有模拟项目，也有真实项目。模拟项目只是训练基本职业能力，学生要进一步获得真实的职业能力，还必须依托直接来源于企业的真实项目。模拟项目比较稳定，而真实项目是开放的，二者相互补充，构成了完整的项目体系，形成了学生职业能力发展的完整阶梯。尤其是真实项目，在学生职业能力发展中具有非常重要的价值，是职业教育课程的特色所在，应当予以努力开发。

（5）创业教育融入课程体系。基于工作过程的课程设计方法，遵循设计导向的现代职业教育指导思想，打破了传统学科系统化的束缚，将学习过程、工作过程与学生的能力和个性发展联系起来，不但重视学生适应工作环境的能力培养，还特别重视构建或参与构建工作环境的能力培养。在课程体系设计中必须贯彻这一理念，而在学习领域融入创业教育模块是实现这一理念的最佳途径。

五、职业教育课程开发的发展趋势

（1）课程导向能力化。从知识本位转向能力本位，从能力本位转向全面素质发展与能力本位结合，是职业教育课程发展的重要趋势。以知识为本位的传统职业教育课程比较注重学科体系的完整性，而课程内容与产业界对劳动力职业能力要求之间的相关性不高，以致常遭产业界诟病，探索一种能够更有效地训练职业能力的课程模式就成为职业教育课程发展的迫切需求。在这一背景下，能力本位教育自20世纪80年代以来，在美国、加拿大、澳大利亚、英国等国家得以迅速推广和应用，从而成为当前世界各国职业教育课程发展的重要趋势之一。

（2）课程目标多元化。随着工业化时代向信息化时代的转变，职业教育课程目标也从单纯地注重培养专门技能和专业能力向注重培养社会适应能力、综合职业能力、创业能力，以及情感、态度、价值观等多种素质相融合的方向发展，并追求工具性、效用性和发展性的价值统一。这种发展趋势必然促成各种课程观的有机融合，使得职业教育课程观逐渐从原先单一的技能型向以综合职业能力为核心的多元整合型发展，呈现出学科本位—能力本位—人格本位的发展态势。这种发展态势说明，当代职业教育课程改革的一个重要指导思想，是要把职业教育课程目标由培养单纯的技术劳动者变为培养技术人文者。这一多元整合型的课程观，客观上要求将“以人为本”的思想贯穿在职业教育课程发展的全过程。

（3）课程范围广域化。随着科学技术转化为直接生产力的速度日益加快，且社会职业转换频率的提高，使学习者为某一具体职业做准备的传统职业教育课程模式受到了巨大挑战，终身职业教育理念迅速为世界各国所接受。从学习者个体职业生涯发展的角度来开发课程，成为必然趋势。同时，由于工作性质的变化，使得当前多数工作的完成不能单纯依靠从业人员娴熟的技能，而必须凭借他们广博的专业基础知识、精湛的解决问题能力，以及富有团队合作精神的职业态度等职业综合素质。这就要求职业教育必须尽可能地拓展课程内容的范围，注重培养学习者的非专门化技术能力，即关键能力。

（4）课程实施实践化。精湛的职业能力并不是通过理论性知识的学习而获得的，更多地要依赖经验性知识的掌握。虽然，学生在校期间也要通过具体的实训课以获得经验性知识，但这种模拟学习情境毕竟有别于真实职业情境。为此，职业教育在发展上由以学校为本向以校企结合为本的方向转移，相应地，职业教育课程实施模式也由单一的学校向以校企结合的方向转移，进而采用由企业与学校合作、生产与教学配合进行的产教结合、双元教学的职业教育课程实施模式。也就是说，职业教育在课程实施上十分重视实践性，用以培养学生娴熟的实际操作技能与快速解决实际问题的能力。

（5）课程开发系统化。学习是一个终身持续的过程，是使人适应不断变化的过程。终身教育观的确改变了终结性、一次性的职业教育观。“只有终身学习、终身受教育，才能终身就业”，已成为现代劳动力市场的一条基本规律。在这种背景下，当代职业教育课程开发自然就成为一个系统工程，课程开发的整体性和连续性特征越来越显著。课程开发由现在的阶段单向型渐次转变为连续多向型。在课程设计上，注重不同学科、不同层次内容间的衔接，尽可能地拓宽专业口径，为受训者提供继续学习的接口；在课程结构上，采用弹性化的单元模块式；在课程计划上，富有灵活性和开放性；在课程开发主体上，由企业、学校与行业和其他经济部门共同开发。

（6）课程结构模块化。结构模块化是职业教育课程发展的重要趋势，如 MES 课程模式、能力本位课程模式、行动导向课程模式等，在课程开发中都显示了这一特点。“模块”一词最初是建筑、家具、计算机等行业的术语，其内涵有三：它是一个部件、组件，其大小介于整体与零件之间，是整体的基本组成部分，每一个模块本身是独立的，可以将其进行不同的组合，每一个模块都是标准化的，有严格的指标要求，否则，就无法对模块进行不同组合。这三个方面同样也是模块课程的核心内涵。

（7）课程管理弹性化。为适应不断变化的劳动力市场，满足人们接受终身教育的需求，推行个别化教学，职业教育课程管理必须由刚性走向弹性。用学分制替代学年制是实现这一转变的重要手段。此外，在英国、澳大利亚已经得到普遍应用的“对先前学习的认可”，旨在通过建立一个系统、有效的评价过程，正式认可个体已有的技能和知识，而不考虑他是如何、什么时候或为什么会获得这些知识和技能的。当然，这些知识和技能一般不是通过学校的正式学习获得的。

（8）课程评价标准化。职业教育课程评价是以行业的就业标准为依据的，通过确立统一的国家职业资格标准来实现。国家职业资格标准的确立为职业教育课程目标的制定、课程计划的编制、课程内容的选择与组织以及课程评价提供了可遵循的依据。这也意味着职业教育课程评价标准化的形成，预示着职业教育和职业培训的质量评估体系向标准化、全球化的水平迈进，而这种趋势自然要求职业教育课程评价也应该以相关的职业资格标准作为课程评价的依据与准则。

第三节　现代职业教育的教学方法

一般来说，职业教育教学方法体系由理论教学方法和实践教学方法两部分构成，以下对其进行详细介绍。

一、现代职业教育的理论教学方法

现代职业教育的理论教学方法，如图 2–2 所示。

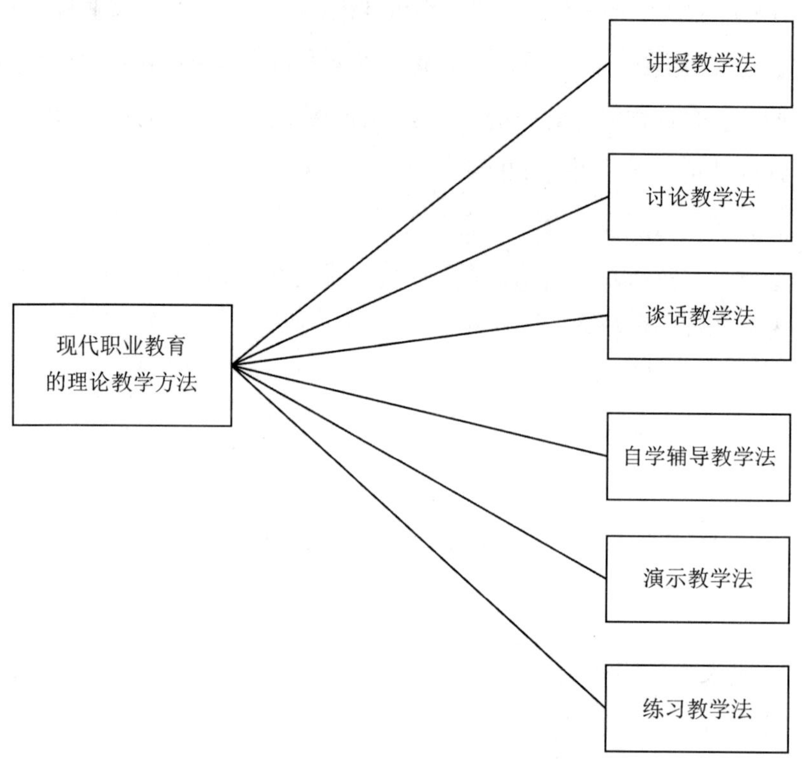

图 2-2　现代职业教育的理论教学方法

（一）讲授教学法

讲授教学法是指教师通过口头语言表述、讲解、讲演等形式向学生系统地传授知识的教学方法，属于教师与学生之间“传授—接受”型的教学方法。运用讲授法，职业学校的教师可以通过合乎逻辑的分析、论证，生动形象的描绘、陈述，启发性、诱导性的设疑、解疑，使学生能够在较短的时间内获得较为全面系统的知识。

实施讲授教学法要注意以下几点：

（1）在基础学科学习和低年级学生的教学中，应当广泛地使用讲授教学法。如在会计课的教学中，根据不同阶段的教学内容，采用不同的教学方法。对于统计专业的学生，开始接触会计课程时，首先开设基础会计，以使学生掌握扎实的基础理论和基本概念。如果在此阶段主要采用讲授教学法，通过课堂面授，辅之直观形象的教学手段，将会计的基础理论和基本概念以实物或图示的形式表现，可以为学生继续学习专业会计打下坚实的理论基础。

（2）在讲授具体课程时首先要激发学生的学习兴趣。运用讲授教学法首先要促使学生产生对本学科的兴趣，从而激发学习的内在动力。教师应当指导学生对本学科产生某些基本的认识，让学生对该科学习做到心中有底。

（3）积极提高课堂讲授艺术，需要教师在课前认真备课，既备教学内容，又备学生、备教法，对于教学内容与具体教学方法的匹配做到心中有数，使理解更深刻，并且能够兼顾所有学生。

（二）讨论教学法

讨论教学法是指在教师的指导下，学生以全班或小组为单位，围绕教学内容的某个问题，通过学习者积极介入学习中的讨论或辩论活动，从而掌握或巩固知识的教学法。这种方法在于由学生及教师以交互的方式，通过共同讨论来对某些问题获得解决办法或建立观念，从而使学生获得新知。[①]

实施讨论教学法，要拟定适当的题目。在讨论之前，选好讨论的主题是最为关键的。在实施讨论教学的过程中，教师必须加强组织和指导，注意以下几个问题：①教师要事先对所讨论的问题了然于胸，并且做好指导学生讨论的准备，适当地鼓励和启发学生的求知欲，增强其参与意识；②讨论应当分组进行，每组一般7—10人，小组讨论之后，再由各组代表

① 宁莹莹. 现代职业教育理论与实践探索［M］. 长春：吉林人民出版社，2021.

向全班汇报结论；③讨论过程中，如出现离题、讨论面过宽、学生讨论“钻牛角尖”时，教师要及时纠正，将讨论引向主题，向学生指出讨论的重点和思维方向；④鼓励学生进行创造性思考，提出独创性建议；⑤教师应当控制讨论的进程，尽量使每个学生都能参与到讨论之中。

学生的回答和建议可能是多种多样的，这就要求教师必须使学生掌握系统理论，解决存在的思想认识问题，切不可模棱两可，含糊不清。对于一些无法在当下给予解决的问题，教师也应当表明态度、理清思路，鼓励学生进一步思考。对学生经过集思广益后有创见的回答则应当给予肯定和表扬。

（三）谈话教学法

谈话教学法亦可称为“问答教学法”，就是教师和学生用口头问答的方式进行教学的方法。长期以来，谈话教学法作为一种重要的教学法，已经被广泛地应用在各级各类教育教学之中。

实施谈话教学法要注意以下几点：

（1）教师不仅要对所提出的问题做到心中有数，而且要对学生可能出现的回答和反应有所设想和准备，并对如何应对有进一步的考虑。因此，运用谈话教学法切忌不假思索，信口乱问，同时也要避免形成教师即兴提问，学生一哄而答的局面。

（2）教师提问要面向全班，避免先点人、后提问的方式。教师的提问要面向全班，使全班同学都听清提出的问题，并稍做停顿，给予学生适当的思考时间，然后再点名让学生回答。

（3）因材施教，根据学生的差异设计问题。教师的提问在注意普遍性的同时更要注意针对性，要设计难易程度不同的问题，选择不同层次的学生回答，使所有学生都能积极思考，有所收获。

（4）教师提问时，语言必须准确清晰，问题的呈现必须精练而简明，要使学生能够清楚地知道教师提问的内容。

（四）自学辅导教学法

自学辅导教学法是指在教师的指导和辅助下，学生自学教材、参考资料和进行实验，以获得知识，发展能力，形成自学习惯和能力的方法。教师在选取学生自学的学习内容时，必须要贯彻好有效的学习心理学原则，即教师要求学生进行自学的内容应当是服务于课程总体的教学目标和学生的培养目标，并且能够有效地促进学生的发展和知识的增长。因此，我们反对长期以来形成的认为“自学辅导教学法是针对那些无关紧要的教学内容而使用的教学方法”的错误想法。

（五）演示教学法

演示教学法是以直观感知为主的教学方法，是指在教学过程中通过展示实物、直观教具，为学生做示范实验，使学生获得知识、巩固知识的方法。

实施演示教学法，要根据教学内容和目的选取合适的示范教具，事先准备好所有用具，搁置整齐，并预演一次。在教学中要让所有学生都能看清示范物，而且在讲授时要注意联系实际，这样既一目了然又印象深刻，可以取得事半功倍的效果。

（六）练习教学法

练习教学法是在教师指导下，学生通过独立的智力、体力活动，运用知识解决有关问题，以深化知识，巩固知识，培养各种学习技能和形成良好习惯的基本方法。实施练习教学法应注意以下几点：

（1）从总体而言，练习教学法应当遵循引起学生学习动机、教师示范讲解、学生模仿、学生反复练习、教师评价练习结果等几个步骤。

（2）教师要使学生明确练习的目的、要求和掌握有关练习的基础知识。在练习过程中，教师要妥善地加以指导，及时观察、纠正学生的错误；技能练习更要注意安全性。

（3）要系统地练习：练习要循序渐进，先要正确，再求速度：方法要多变化，手段要经济简化；练习时间宜短，次数宜多。

（4）组织练习要因材施教，顾及个别差异，重视创造性练习的组织与指导。

二、实践教学方法

（一）要素作业复合法

要素作业复合法是按照操作技能的掌握程度，遵循由易到难、由简到繁、循序渐进的原则及规律，通过对手工生产劳动过程的分析，将某项工种分解成若干相互承接的简单工序。要素作业复合法实际上是将要素作业法与个别工序复合作业法结合起来，既兼顾对某项工作的掌握与熟练，又兼顾对此项工作所在工种整体技术的不断熟悉与掌握，是一种行之有效的实践性教学方法。

（二）顶岗实习法

顶岗实习法是指在生产一线实习，让学生综合运用和检验所学知识，进行综合实践训练，尽可能与学生毕业后就业结合起来的教学方法。实施此种教学法要注意如下问题：

（1）选题与社会关注问题相结合。学生进入实习单位后开始确定选题，在实习中完成的论文，其内容要与专业要求相符，要与行业生产、行业发展紧密结合，应体现出学生论文产生于社会，所从事的工作与社会需求紧密结合且具有一定的社会价值。

（2）实习与就业紧密结合。学生实习一般选择有用人意向的单位。“有用人意向”代表着单位需要，但不等于一定能就业。因此，在实习中应当尽可能投入到工作中，既要让学生充分运用所学知识，又要让学生能够展示其才能，争取能够就业。

职业教育的实践性教学方法以能够将所学的理论知识转化为实际操作技能为目的，并尽量能使学生对未来真实的工作环境和岗位要求有清楚的认识和体会。实践教学法的运用也要求把握灵活性、综合性、创造性的原则。

第四节　现代职业教育的师资队伍建设

职业教育同普通教育的根本区别在于，它是为社会培养应用型、技能型技术人才和高素质劳动者的教育机构。职业教育办得是否有特色，能否为经济建设和社会发展培养出既懂理论又会操作的高、中、初级人才和新型劳动者，关键是要建立一支数量足、质量高，专兼结合、以专为主、比较稳定的双师型教师队伍。

一、为什么要加强现代职业教育的师资建设

（1）加强师资建设是推动教育事业科学发展的根本途径，是构建现代职业教育体系的关键。建设一支结构合理、素质优良、业务精湛的可持续发展的师资队伍，对办好职业院校，教好学生，全面实施素质教育，全面提高教育质量具有重要意义。

现代职业教育体系的根本目的在于形成一个支撑现代经济社会发展的人力资源结构，因此，加强职业教育师资队伍建设，就成了现代职业教育体系的关键因素。

（2）加强师资建设是职业教育改革创新和发展的内在需求。随着职业教育规模的迅速扩大和发展速度的加快，社会对技术人才要求的提高，以及学历高移化的趋势增加，新型的职业教育院校和类型的应运而生，都需要职业教育师资队伍不断地充实和提高，来适应职业教育本身发展的需要。

现代职业教育服务于现代产业，要求职业教育要不断优化专业结构，促使专业与产业、职业岗位对接，并不断地适应满足经济建设发展、经济结构不断调整和完善的要求。职业教育师资队伍的建设，只有适应这种调整和变化，适应经济发展的需要，才能为经济建设培养出合格的技术技能人才。职业教育的职业性和中、高职衔接贯通以及教育“立交桥”的建立，使得职业教育的层次结构不断完善。终身教育理念要求职业教育还要兼顾职前、职后教育与培训机制，这就需要大量的职业教育师资。因此，我们必须加快建设职业教育的师资队伍，满足职业教育发展的需要。

二、现代职业教育师资队伍发展的内涵及特点

（一）内涵

对于职业教育师资的发展，国际社会普遍认可的是双师型的发展模式，即不仅具备普通教师的基本职业素养，同时也具备职业精神、素质道德和技术技能。双师型发展策略是职业教育师资队伍发展过程中的内涵体现。双师型教师是素质教育背景下产生的一个重要发展目标。教师在教学过程中，不仅要掌握各种基本的理论知识，还要有一定的实践教学能力：教师不仅要能够从事专业的教学活动，同时也能够从事相关的实践活动，能够对学生进行实践教学；对于教学过程中存在的各种问题，能够积极发现并且解决它；能够通过扎实的基础知识和教学中的实践特点，培养个人的职业道德和职业精神，形成教师队伍的发展内涵。

（二）特点

现代职业教育师资队伍发展的特点，如图 2-3 所示。

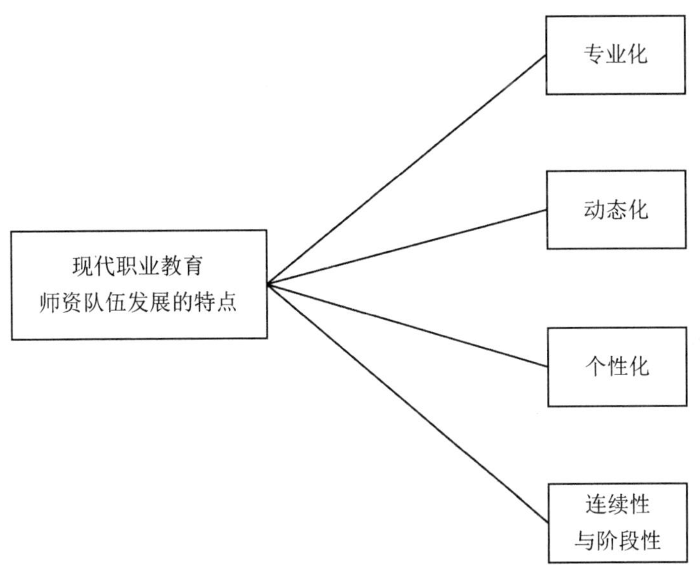

图 2-3　现代职业教育师资队伍发展的特点

1. 专业化

职业教育要求教师除具备科学先进的教育理念、丰富系统的理论知识、娴熟的教育教学技能、优良的伦理道德与健康的心理素质之外，还必须成为本专业领域理论与实践的行家里手，形成教学专长和职业专长。

2. 动态化

职业教育要求教师必须适应职业教育的动态发展需求，在拥有个人专业发展自主性的同时，要适应现代职业教育体系的构建需要和面向人人教育的要求，做好自我发展和提高，满足双师型教育的要求。

3. 个性化

强烈的求知欲、浓厚的学习兴趣、敏锐的观察力、创造性的教书育人、个别化的科学研究，以及理智感、自尊感、自信心等职业个性品质和体现时代精神的教育理念，多层次复合型的知识结构与教育教学能力，都是现代职业教育教师应具有的个性化特点。

4. 连续性与阶段性

师资专业化发展是一个持续不断的过程，也是一个发展的概念：它既是一种状态，又是一个不断深化的过程。教师职业成熟是一个漫长的、动态的、纵贯教师职业生涯的历程，体现出螺旋式上升趋势和发展阶段的连续性与阶段性有机结合的特点。总之，职业化师资队伍建设是一个持续发展的以专业化为目标和归宿的动态过程。

三、职业教育教师要具备的基本素质

职业教育教师的素质结构是指职业教育教师所具备的各项素质要求，以及它们之间稳定的联系方式。职业教育教师要使自己的作用发挥到最佳状态，就必须具有合理的素质结构。

（一）身心素质

良好的身心素质是一切工作的根本，是高效工作的动力源泉。

1. 人格健康

职业教育教师的人格是指教师应具备的优良情感，以及意志结构、合理的心理学结构、稳定的道德意识和个体内在的行为倾向性。教师人格的科学精神内涵具体表现为科学的信念、科学的方法、科学的态度、科学的道德、科学的能力、弘扬科学的精神。教师人格的时代精神内涵是勇于开拓进取，为社会造就一代技术技能人才。教师人格的职业内涵是德才兼备，以先进的思想教育学生，以科学的方法培育学生，以健康的人格感染学生。榜样的力量是无穷的。职业教育教师必须具有健康、和谐、全面发展的人格，必须具备吸引受教育者并对受教育者实施影响的人格魅力，引导学生朝着健康、和谐、全面的人格方向发展。

2. 情感素质良好

职业教育教师良好的情感特征对学生具有潜移默化的影响。职业教育教师良好的情感特征主要表现在以下方面。

（1）真诚。一方面，职业教育教师要真诚地对待学生，以信任、友好的态度成为学生的知心朋友，成为学生将喜、怒、哀、乐愿意向其倾诉的人；另一方面，一旦教师犯了错误，要勇于面对学生，诚恳地承认错误，并迅速改正。

（2）乐观。职业教育教师面对挑战和挫折，不但自己要有乐观的态度，而且还要以自己的信心、克服困难的勇气、乐观的情绪和坚强的意志去感染学生，增强学生克服困难的勇气。

（3）进取。职业教育教师对于人生目标的不懈追求，对教育教学工作的不懈探求和创新的进取精神，都会对学生产生强烈的影响，激发学生的求知欲，鼓舞学生的探索精神与创新精神，使学生能够顺利地进入未来的职业角色中。

（4）宽容。职业教育教师虽要严格要求学生，热情帮助学生改正缺点，但不要过多地责怪学生的过失，而要以宽阔的胸怀包容学生。

（5）职业兴趣。教师的职业兴趣是推动教师孜孜不倦地进行教育教学探索，调动工作积极性的动力。职业教育教师要增强责任感，对自己所从事的教育工作和所学的专业培养浓厚的兴趣，用科学的态度指导学生，密切地与学生交往，热爱学生。做到干一行，爱一行，钻一行，专一行。

3. 意志坚强

意志是一个人能否坚持到底，彻底完成任务的重要保证。职业教育教师，应该具备坚强的意志，只有这样才能在困难面前不低头，并以自己的行为感染学生，锻炼学生的意志。

4. 体力充沛、精力旺盛

职业教育教师承担着繁重的教书育人工作。正常情况下，他们既要在课堂上课，又要带学生到企业生产一线实习，这些特点要求职业教育教师必须具有健康的体魄和旺盛的精力。教师还要面对各具特性的个体和复杂的社会环境，并与之相互协调，没有健康的体魄和充沛的体力也是不行的。

（二）知识素质

知识素质是职业教育教师素质的核心。职业教育教师所拥有的知识结构与水平直接影响着教师在教学过程中主导作用的发挥。职业教育教师的知识素质，主要包括三个方面：

第一，有精深的专业知识和宽厚的基础知识。只有做到基础知识牢、专业面宽、实践技能精，才能胜任职业教育工作。

第二，具有广博的当代科学知识和人文知识。在职业教育教师中，不管是公共文化课教师，还是专业课教师，除了要掌握好专业知识，还要不断地扩大自己的知识面，及时了解有关科学知识的新成就；除掌握企业生产以及本专业的有关信息外，还可以学习一些边缘学科知识，增加知识储备；也要积累与其自身修养发展相适应的人文知识，在继承和创新中汲取营养，不断提高文化修养，进行知识结构的更新，做到科学知识和人文知识的和谐发展，才能厚积而薄发，更好地完成教育教学任务，适应现代教育的发展。

（三）专业技术素质

现代职业教育理念的核心思想是以学生为中心，以能力为本位，以行业需求为导向，实现人才培养目标。专业技术素质是职业教育教师从事职业教育活动的基础与先决条件。职业教育教师必须适应现代化生产模式对职业教育提出的要求，具有一定的专业理论知识；必须具有专业实践技能和多学科的综合知识与技能，即跨专业的知识与技能。

1. 教学设计和调控能力

教学设计能力是教学能力的具体体现，是职业教育教师的基本能力。它包括对课程和各种影响因素的教育加工能力及传导能力，以及组织管理能力。职业教育的课程体系是根据岗位或岗位群所需的知识、技能来设计的。教师必须具有对各种影响因素进行加工、修正的能力，达到教育学生的目的。经过教师加工过的教育信息，还必须经过合理有效的传导，才能被学生接受和掌握。

职业教育教师具有较强的组织管理生产、实习教学工作的能力，特别是要懂得一般的企业管理知识，能结合生产实际，让学生对企业的生产管理有所了解，增强学生毕业后社会适应的能力和岗位适应的能力。

职业教育教师活动的基本环境是班级、职业院校、企业。教师不仅要在课堂上授课，而且要经常带学生到企业生产一线进行实习、实训，或者由于生产工艺的需要分组开展活动，这些都给教师的管理带来了难度。因此，客观上要求教师应具备较强的组织管理能力和协调能力。同时，在职业教育的教学过程中，影响因素有很多，要求教师不管遇到什么情况，都能正确对待，既要善于调控自己，又要善于调控学生，发挥教育机制，胜利完成教育教学任务。

2. 实践教学能力

实践教学能力是双师型教师的核心能力。职业教育强调以就业为导向，实行校企合作、工学结合的教育模式，教学过程对接生产过程。现代教育教学过程要模拟企业现场环境，推广实训教学，强调和突出实践特色。

3. 教学迁移和因材施教的能力

教学迁移和因材施教能力的灵活性和实效性，使得职业教育的专业、课程等必须随着经济结构、生产方式和产业结构的变化而变化。因此，职业教育教师必须随时保持对专业领域前沿技术知识、先进生产设备的了解，具备实现教学迁移的能力，并将其引入教学，以顺利实现从原来所教的专业课程向新专业或相近专业课程转化的教学能力。

职业教育的学生层次差异较大，教师必须面向人人，研究教法和学法，从学生学习的认识理论去分析学生的特点，激发学生的学习兴趣，使每个学生的学习都有所进步。

4. 使用现代教育技术的能力

随着现代教育技术的不断发展，模拟企业现场环境和仿真生产过程、多媒体计算机辅助教学等，成为职业教育教学的普遍手段。同时，利用信息技术、网络等手段获取教学中所需的信息资料，为培养学生的探索精神和创造意识提供丰富多彩的教育环境和有力的学习工具等，都要求教师具备适应现代教育技术的能力。

5. 解决生产实际问题的能力

职业教育是与生产活动紧密联系的教育，教师应成为沟通教育与生产的纽带，具有一定的生产经验，以及解决生产实际问题的能力。当然，随着社会主义市场经济体制的建立和完善，职业教育教师还必须具有一定的市场经济意识和经营管理能力，以及社会交往和组织协调能力，才能更好地适应经济和社会的发展。

第五节 现代职业教育的高质量发展

职业教育与经济社会发展联系最为紧密和直接，因此现代职业教育的高质量发展，需要解读经济高质量发展，以高质量发展为准，推动现代职业教育与经济的共赢发展。

一、经济高质量发展

（一）高质量发展的时代内涵

1. 推动经济转化

高质量发展需要让经济增长的总量获得大幅度提升，使社会不同层次的制造企业都有符合实际的产品质量。加之我国对城市基本形态的改造计划实施，可以使我国产品加工和销售体系更加完善。国家相关产业部门制定实施政策时，需要将经济质量状况作为主要的改进方向和衡量企业结构创新的标准。推动经济转化，如图 2-4 所示。

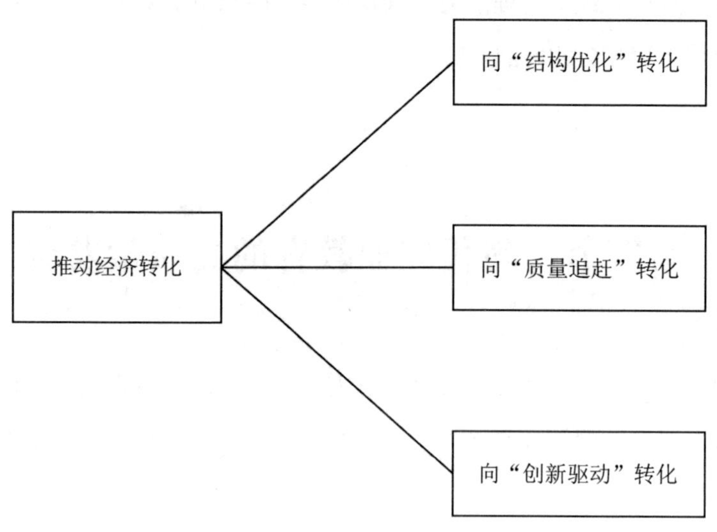

图 2-4　推动经济转化

（1）向“结构优化”转化。在制造数量成倍数增加的时期，国家需要将持续增加的制造加工类企业数量，转变为将制造产品的质量层次向更高方向探索，完善企业制造产品的原料和产品销售渠道，实现产业结构优化。在国内，社会企业加工的产品质量可以满足居民群众对生活和享受的需求目标后，应进一步提高理论性的科技研究成果向实践应用领域的转化。

（2）向“质量追赶”转化。经济的快速发展，使我国社会生产力水平大幅提升。在完善国内生产各类产品的手段和资源要素采集渠道后，社会范围内的制造业发展水平逐渐超越了原本领先的国家。随着国内群众可支配收入的持续增长，居民生活状态和我国对外展现的消费情况有较大变化。在国内外市场中，消费者更加追求多样化、个性化、高质量的产品和服务。加工和制造数量方面的增加，并不能成为国家发展的唯一方向，伴随世界经济形势的变化和各国理论性科技成果实用度的增加，追求加工数量的增加已不能满足国内群众的基本生活和精神方面的需要。因此，我国经济开始从“数量追赶”转向“质量追赶”。

（3）向“创新驱动”转化。近年来，支撑我国经济收入增加的方式和推动力，已经转变为科技研发成果的投入数量，由提升加工产品制造数量的加数增长方式，转变为依靠各类创新要素带来的乘数增长方式。因此，提高社会各行业的质量发展，符合我国基础性经济状况和国内人民群众的生活状态。不能只将生产制造行业形成的体系作为衡量我国经济收入模式的主要指标，还需要考虑我国内部其他行业的结构变化和消耗的资源状况。要大幅度提升制造产品的质量层次，需要在国家相关政策持续支撑的前提下，拓展经济发展新渠道。

2. 满足高质量需求的发展

美好生活是由高质量的商品和服务供给所支撑。我国一直以来都以制造加工技术被世界其他国家所认可，生产加工的产品在世界各国使用的产品中占据较大比例。在社会范围内，大型生产加工企业应完善产品自生产阶段至供应阶段的销售体系，不能将企业的发展目标和制造方向限制于基础性物品加工，而是需要吸纳专业性的研究人才，提升自身产品的实际价值和实用功能，研制开发带有企业发展文化内涵的新型高质量品牌。在大方向上，我国需要调整国内各行业的产品制造状况，提高生产要素的利用效率，加强自主创新能力。

3. 促进人口素质的全面发展

提高加工产品的质量层次，不只需要从加工效率方面着手，还需要确保国内群众经过企业制造方式的改进，实现居民生活水平的提升，促进人的素质全面发展。我国应该在经济高质量发展的基础上，构建合理的收入体系，通过产业结构的转型，提升劳动力的收入水平，为人口素质的全面发展提供保障。构建与发展水平相适应的社会保障体系，增进民生福祉是发展的根本目的，将在幼有所育、学有所教、病有所医、老有所养、弱有所扶等领域不断取得新进展。

（二）经济转向高质量发展的可能性

1. 我国经济转向高质量发展的优势

（1）大国优势

第一，空间优势。由于我国基础性土地面积资源的支撑作用，使我国提升经济领域收入增加的开发视角更加丰富，也使不同区域之间由于运输条件和固有资源种类限制而有不同的发展现状。影响我国经济收入增加的潜在要素有较大的开发空间，如生产模式尚未改造至新型现代化的城市区域，是我国政策扶持集中的开发区域。

第二，劳动力质量优势。在我国，有效的劳动力数量在生产制造行业投入量持续增加的情况下，伴随对加工产品质量层面要求的提升，对劳动力的基础素养有更高的技术应用要求。自我国开始实施经济领域的各项开放性政策以来，我国教育行业的发展状态开始逐渐稳定，各生理年龄阶段的儿童都有适宜的教育，使我国参与各行业产品制造活动的劳动人员基本素养有了大幅度的质量提升。这一现象符合我国未来劳动人员从业技术素养的提升，使其成为确保国家内部经济增长效率的人才保障。

第三，内需优势。鉴于我国基础性生产资源储备量的丰富和可参与制造的劳动人员素养的提升，我国制造的各类新型产品在国内有较大的需求量。城市和农村生活的人们实际经济收入数额的提升，使其可以有更多资金，进而借助消费过程满足高质量的生活需求。在我国内部各领域的开发状态逐渐升级的情况下，国内各区域群众对不同层次产品的实际需求得到大幅度提升。

（2）制度优势。在我国经济领域的发展状态进入新时代的状况下，国家实际经济收入的增加与内部实行的各类制度政策有密切的关联性。在我国经济领域采取预先制订计划作为日后生产制造的指引目标时，主要借助国家内部实际经济收入的增加，使群众明确指引政策和应用制度的正确性。

但在国家经济形态和制造模式进入新时代后，社会发展的主要目标不再停留于证明应用政策的有益性，而是完善运行社会制度的不足部分。在经济领域运行新时代的要求下，需要调整国家领导各行业制造方式和投入资金支持的现象，将社会主义制度运行过程中显现出来的特征，与社会范围内市场因素的调节作用相结合，借助国家内部运行经济模式的调整，使市场手段对经济收入增长的刺激效用更加明显，使社会各行业、各企业制造主体可以对产品加工模式的创新有实践应用的动力。

由于社会不同种类制造产品数量的丰富和质量层次的持续提升，使各企业之间就某一产品的竞争范围逐渐加大，各行业若要使制造的产品吸引更多群体进行资金消费，则需要深层次地挖掘产品的附加价值属性。在我国经济领域，产品对外销售开放程度不断提升的情况下，既需要开发自身能够独立制造特征显现的产品品牌，又需要关注其他国家政策投入和改进领域的不同。

我国作为社会主义相关制度理念应用化较高的国家，在不同阶段扶持政策的带动和国家固有资源要素的支撑下，使经济领域向新时代方向前进得更有效率，且具有要素支持。如今，我国经济领域新的运转形态出现，为我国开展生产模式调整提供了更多的操作性，明确提升制造人员技术性素养培育和产品加工质量提升的重要地位。

（3）阶段优势。根据社会经济领域实际收入的提升和减少的运算模式变化，可以明确国家内部实际经济收入提升率的增加，需要依靠国家对应政策的推动。在不同城市建设模式向更现代化方向开拓的过程中，会使储存量固定的资源性生产物质使用主体从制造效率较低的企业，转向加工体系较为完善的大型企业。这类资源性核心生产物质使用主体出现的转移现象，可以大幅度提升资源性要素的有效适应度，减少社会环境中资源不正当使用的浪费现象发生和环境问题产生的概率。

资源物质要素使用主体的持续变化，还可以使社会范围内各行业对制造产品的分工步骤和结构规划更加适宜。因此，我国政策的主要针对方向应是将城市转变为现代化的运行模式，将社会各行业产品制造销售的流程进行结构化改造，使我国现代化和工业化的发展潜力得到进一步开发。

转向高质量发展的阶段优势体现在以下方面：

第一，从现阶段工业化进程情况来看，我国正处于工业化的中后期阶段。这一时期，社会各行业产品的制造至销售过程，会有专业部门进行精细分析，使产品制造环节对完成产业体系其他部分的引导带动性更强，也不能忽视新型信息技术传播平台不断出现对生产制造行业的影响，要将两部分联合起来分析共同开发新型工业化的潜力。

第二，从我国国家政策对推进城市化发展进程的实际效用而言，我国城市内部运行方式的改造仍处于较快速的发展阶段。因此，提升城市已有发展模式向现代化方向转变，需要改造城市周边和农村地区的发展情况，在改造升级过程中合理运用我国固有的资源要素。

第三，从国家各行业制造状况向现代化方向持续推进的情况来看，我国的实际经济收入较以往有大幅度提升，但与西方部分国家人民群众的实际经济收入状况还有一定差距。因此，在提升国内各行业就业人群实际经济收入的过程中，还有较大的开发潜力，是国家未来制定前进目标和发展要求可以参考的重要领域。伴随我国社会各行业和城市改造状况不断深化，我国可以借助信息技术和科技创新成果的提升，实现经济高质量增长。

2. 中国经济增长发生的新变化

（1）经济增长的客观变化。经济新时代的出现是经济运行体系发展规律的体现，也是各个国家社会企业制造形式不断变化的结果。尤其是针对制造形式和社会发展状况较复杂的国家，更需要加强对国内外不同的经济增长因素进行系统性探究。如今，国家扶持性经济政策讨论应深层次地了解人民群众现阶段的生活状态和需求，确保人民群众消费观念对经济提升效率的带动作用。

国家经济增长的影响因素较为复杂，认识国家内部有效经济增长放缓的现象，需要以更理性的逻辑思维进行剖析。客观条件的变化，既有社会企业资源性制造要素供应量的变化影响，也有国家各项扶持性政策不断出台的影响，是转变自身企业产品加工质量和生产手段创新的必然现象。经济增长的客观变化包括：①全球经济复苏缓慢，国际需求疲软；②国内投资和消费需求增长放缓；③人口红利的消退；④自然资源供给约束趋紧；⑤技术创新的约束。

（2）经济高质量发展的条件。为使社会整体生产状况达到高质量的发展层次，需要对经济发展、社会文化、政策法律等环境要素加以研究和分析。国家内部实际经济收入方面，质量优质产品的增加，可以使社会范围内形成注重产品质量的文化氛围，并配合相关产业发展过程，进一步制定和完善法律规范与治理体系。

在我国将制造产品销售渠道不断向世界其他国家开拓的过程中，我国经济实际收入增长的数字产生了大幅度跨越，为日后各行业生产产品的要求向高质量方面演化提供了基础性支撑。如今，我国经济领域的发展现状和企业制造模式较以往有更多特征，人民群众的实际经济收入较以前有大幅度增加，伴随社会企业制造主体雇佣劳动力成本的增加，各企业取得竞争优势的因素不能再依赖于成本的降低。我国社会各企业从事生产制造的劳动力人数持续增加，并获得一定经济收入后，伴随国际范围内制造形式和产品实际需求的改变，政府管理部门逐渐意识到应将增加制造环节的劳动力成本投入数量转为把控产品质量层次。

我国传统的企业生产方式和产品的实际供给，已经无法满足当今社会条件下人民群众生活的需要。因此，我国在调整自身社会行业制造产品质量产出层次时，需要将消费主体实际的使用需求作为目标性指引，确保各行业制造的产品有更多附加价值和属性，满足消费群体的使用需求。

（3）经济高质量发展的关系处理。

第一，政府作用与市场决定的关系处理。要想保证国民经济发展的质量与速度，除了要对政府与市场之间的关系有正确的认识，还要认真处理二者之间的关系。只有最大程度发挥政府的作用，保证市场能够自主进行资源配置，才能进一步促进经济的高质量发展，实现全面建设社会主义现代化国家的中国梦。

我国在改革和完善经济体制的过程中，必须要对政府与市场之间的关系有正确的认识。政府负责行使公共权力，市场负责各种资源配置。市场和政府在解决问题时除了要遵循必要的机制和规律，还要积极承担起属于自己的职责，不推卸责任。市场与政府之间要携手共进，共同发展。人类在发展的过程中必然会诞生市场和政府。市场与政府之间是互利与共生的关系，二者都有自己的优势，他们只有相互促进、相互依赖，才能实现共同发展。在处理政府与市场之间的关系时，既不能出现过度市场化的情况，也不能出现过度行政化的情况，要准确控制好二者之间的“关系度”。例如，过度市场化问题很容易出现在国有医疗、公立教育以及基本住房等方面，因此要对其进行仔细的研究和探索。只有构建完善的现代化市场经济体系和现代化政府调控体系，才能推动国民经济的高质量发展。

第二，国内经济与国际经济的关系处理。商品、信息、资源、技术、人才以及资本等，都随着经济全球化的加快实现了全球性的流动，各个国家之间在加深合作的同时也有了更激烈的竞争。我国的经济会在我国向经济强国和贸易强国转型的过程中实现高质量发展。中国经济既要始终保持开放的态度，又要不断创新，进一步实现对外开放，紧跟经济全球化的脚步，用全新的姿态迎接新工业革命，用最快的速度完成产业升级，用最积极的态度进行国际产业分工合作，主动参与到国际贸易治理中去，让中国经济向着国际化和全球化全速前进。

第三，经济发展与生态环境的关系处理。保护自然环境是为了人们更好地生活。环境、生态、资源这三个方面不仅对人类的生存和发展起着决定性的作用，还对社会发展以及国民经济起着至关重要的作用。人类的发展和生存离不开自然资源，自然资源是由生态环境构成的，其不仅包含具有使用价值的自然资源，还包括天然存在的自然资源，为了人类社会的进步与发展，就需要合理地利用这些自然资源。中国的人口数量位于发展中国家人口数量的首位，但随着经济的高速发展，我国正处于城镇化、市场化、信息化、工业化以及全球化的建设中，因此出现了资源不足、生态环境遭到破坏以及环境污染等诸多问题。而人类可持续发展的前提则是人与自然和平共处，自然资源的破坏十分不利于人类的生存和发展。为了经济更加快速的发展，首先需要解决资源、生态、环境以及人口等问题，将爱护环境、保护环境以及合理利用资源的政策落实，加大力度推动生态文明以及低碳发展的建设进程。

3. 经济高质量发展的特性

促进经济高质量发展是满足人民对美好生活的需要、解决发展不平衡不充分问题的有效路径，是推动中国特色社会主义市场经济健康发展的必然选择。社会范围内和制造产业的模式改造，也是产品数量和质量双向提升的过程。然而，从未来国家经济状况和实际发展需求看，产品加工流程不断改造是新型信息传播方式持续开拓的必然要求。从理性知识研发成果的应用程度来看，可将服务业发展水平作为衡量国家经济增长状态的指标。

自从国家采取持续增加部分城市产品销售和制造的对外开放度政策后，我国较长时期内经济的增长状态都保持较好的水平，这是我国从有相关文字记录经济增长情况的历史以来最高增长状态的呈现。当人们意识到加工数量增长的经济收入方式的各种弊端后，应将提升制造产品质量作为下一阶段的探索领域。在研究如何提升产品质量层次的过程中，需要将我国已有的理论性科学成果不断向应用领域转化，同时将探索目光集中于生产流程的合理设置和创新理念的应用。

从国家提出对社会范围内企业制造的过程开展政策性支持后，我国经济领域实际资本的增加，主要依靠向外销售各类加工商品和吸引国外大型机构的资金投入，在当时社会背景下，该现象是确保经济增长的必然措施。然而，伴随世界范围内其他国家经济形式的不断变化，我国制造出口的产品数量远超其他国家的实际需求数量。原本借助制造产品进行对外贸易和吸纳其他国家企业主体经济投入的方式，增加国内经济收入的效果不再明显。但是，我国人民群众的经济收入状况较先前一个时期有了一定提升，我国可以将产品的销售目标转向针对国内中等收入群体的实际需要，进一步刺激经济内循环。因此，现阶段我国调整产业制造方向和支撑政策，都是将消费作为主要考虑目标，在社会范围内打造有利于民众产生消费的氛围环境。

随着我国将各行业的创新成果不断转化为实践应用，深度了解在社会环境下人民群众的生活现状和消费需求后，我国需要实现产业结构的进一步优化和升级，从而引领社会供给体系的变革。按照这一要求，我国社会各行业都有自身的目标指引和结构调整方向，既可以提升国家经济收入，也可以确保生态环境要素处于稳定状况。对此，我国在不同产品和社会行业的供应部分更符合人民群众的现实需要，并将产品自生产至销售的完整路径进行体系化设置，将我国固有的基础性生产资源消耗量与制造的实际需要相协调。

为了实现经济普惠式增长，国家需要不断优化产业结构，调整资源分配政策，使各项资源向落后地区和低收入人口倾斜，进一步缩小城乡之间、地区之间的发展差距。一般来说，服务型行业发展模式改进过程中涉及较多影响因素，如果可以实现现代服务业的快速发展，则可以使其成为刺激人民群众产生消费和国家经济收入增加的主要动力。只有国家支撑性政策从人民群众的实际需求角度入手，才可以使社会的基本性矛盾在更短时间和可控范围内得到有效解决。

4. 经济高质量发展的环境

（1）政策法律环境。我国要实现经济的高质量发展，需要建立与之配套的法律法规。借助提高实际的产品销售、制造流程限制和提供服务机构水平，确保国家在宏观范围内实现经济总体质量和发展状态的稳定。如果将产品质量作为我国经济领域未来转型发展的基本要素，需要国家层面的产品质量管理部门、实际的产品加工者与最终产品使用主体之间提升沟通度。

产品加工制造至销售使用的各流程，需要有专业人员和部门履行监管职能，同时配合国家层面提出的政策法规和质量标准要求，完成加工方式现代化的革新。借助制造相关流程的不同政策法规制约，可以使产品加工销售过程中各主体明确自身责任范围，确保产品制作销售过程中所有组成部分向共同的制造目标前进。

我国现阶段实行对各制造行业产品质量管理条例集中于企业管理层面进行严格约束，主要依赖国家相关法律管理部门对加工环节进行规范，并没有重视产品实际使用主体对产品的改进意见和附加价值的追求。这种依靠单一主体作为产品质量管理政策制定部门的形式，不利于在更大范围内解决产品质量源头性问题，也会凸显单一管理主体设计理念和改革视角方面的局限性。如果在制定质量管理法规的过程中，有更多主体参与法规的制定，可以使社会范围内对质量标准的法规有更高的执行度和认可性，也可以均衡各类产品加工至销售使用过程中各主体的实际利益。因此，在国家相关产品质量管理部门管理法规不断颁布的过程中，需要在社会范围内打造对各产品质量层次重视的思想观念，广泛参考其他国家制定产品质量管理规范条例的实践经验。

（2）社会文化环境。经济的高质量发展，离不开相对应的文化观念指引。文化是指经过历史积累，人民群众创造的精神层面文化理念的集合。质量是国家工业性制造能力和加工生产状况的明显体现，受参与制造加工人员的基础素养、社会企业内部参与制造的基础性装备和资源性材料影响。国家生产物质产品的质量也是衡量国家文化发展的重要依据，体现国家内部社会各制造企业对管理理念和价值观念的理解。

质量文化是指我国社会生产方式变革而产生的各方面文化价值观念的集合。质量文化自身带有明显的被理解和传播的特征价值，通过对质量文化的传播和利用，可以帮助社会企业完善加工流程和企业生产层次定位。随着我国经济领域生产制造规模和产品销售渠道的持续扩充，我国只有拥有独立制造运行的核心产品品牌，才能使加工行业的未来发展空间更大。但是，我国经济领域加工形式的改变与我国历史发展积累的文化观念和制造技术有较大关联。只有我国社会进一步形成工业文化和质量文化，才能确保社会的制造技术向更现代化和符合人民群众需要的方向发展。因此，我国在吸收新的工业文化观念时，在注重传统加工观念和商业产品销售观念的前提下，应关注制造产品最终质量层次和实际价值需求方面的意义。

（3）技术基础。提升各类产品最终质量层次需要的实际技术保障，与国家内部积累的加工手段和管理经验有较为密切的联系，产品加工质量操作技术方面的基础能力也是国家整体技术水平的有效体现，是社会范围内对传统加工方式进行升级改造的主要依据。

为了建立坚实的技术基础，国家需要在制造业领域中，形成限制各类产品质量的完整流程体系，才能在控制不同产品质量状况时具备可操作性。借助颁布产品质量程度限制规范条例，完成对国家内部各行业产品制造流程和销售链条的改造，从而与世界各国在更多方向达成合作和新型技术交流。各类产品加工质量技术方面的能力与国家社会范围内的加工观念相联系，只有国家内部有较为标准的质量测算器具和衡量依据，才能使国家制定的产品质量规范条例有更高的执行度和公信度。产品质量方面的加工技术能力，可以借助质量检测单位的规定，以及质量检测流程的透明公正性，在更多方面确保提升不同种类产品的质量等级。

增加国家经济高质量发展的优势因素，可以使更多企业提升制造产品质量，还可以促进形成可持续发展观念。从发挥国家相关部门产品质量管理职能的视角来看，对各类产品质量进行认证认可、检验检测，可以使对社会加工企业制造过程质量状况的认证行为更有指导性。从对各类产品加工流程进行质量检测消耗的资金成本来看，国家需要在这些领域投入大量的财政资金，维护质量检测的公正性与公益性。从全球化视角看，质量技术基础不仅能够促进一个国家内部各产业实现质量发展的技术保障，更是一个国家提高话语权的有力支撑。

（三）经济高质量发展的产业结构

1. 我国农业的高质量发展

（1）农业及农产品质量提升关键。农业的生产状况和产品的最终质量，是影响我国农业领域持续健康发展的主要指标。因此，农业高质量发展是实现农业现代化的必由之路，需要监测农业投入品的质量状况和农业产品的种植过程，确保农业类加工产品的质量等级和安全度。

第一，生产投入的质量。与农业产品种植过程关系密切的要素物质，除了固有的土地和水源外，还有提高生产率的辅助类肥料要素和技术人员的操作过程。这些农产品加工环节中的必要流程和使用要素都是使农产品产生质量差异的影响因素。现代种植知识和新型技术的加入，可以随时预测调整农产品生长过程中的质量状态、产出情况和食品安全程度。不同的农产品种植方式对生产要素的投入数量都有衡量标准，如果固有的土地要素中含有不合格的金属成分，或加工过程中农药辅助类要素使用量没有得到合理控制，都会使农业种植产品因为投入要素的差异状况而产生食品安全问题。目前在农产品市场，存在着大量因生产投入要素而造成的质量安全问题。例如，在种植环节，生产者为了防治病虫害，会在作物生长过程中大量使用农药，最终造成农产品的农残超标；有些农产品在自然成熟的状态下收割容易损耗，为了提高产量，种植人员会在其未成熟状态下直接采摘，以农药辅助催熟的方式售卖。这一过程中使用的化学药物，也会残留在农产品当中，给食用者带来健康隐患。

第二，产品加工运输的质量。农业种植产品自种植环节到食用流程，还需要有产品的运输流程。许多承担农产品运输工作的主体，为确保在运送时间内产品的质量状态，会用保鲜类化学物质对产品表面进行喷洒。在现实案例中，有毒蔬菜的产生大部分是由于在运输过程中毒性化学物质的使用，这也是影响农产品食用安全的重要因素之一。现阶段，许多加工企业对原料型农产品采用深加工处理的方式，提升其附加经济价值，加工过程中为使农产品的形态更佳或口感更优质，避免不了使用添加剂物质。除在农产品种植、运输和深加工过程中添加其他化学成分外，农产品深加工过程中，外部环境要素的变化或加工人员清洁程度不够，也会引起细菌类物质在农产品外部附着，使产品质量受到影响。

第三，终端农产品的质量。终端农产品是指在社会范围内销售的原料性农产品和经过深加工而成的新型农产品，对这部分农产品的质量状态进行检验，需要根据国家对产品销售的质量指标进行。

（2）农业质量的提升策略。

第一，保障生产投入要素的质量，进行原产地控制。保障耕地、水资源等农业生产投入要素的质量，进行原产地控制。固有的种植土地要素和浇灌用水是确保农产品生长状态的主要指标，这些要素对人类正常的生活工作具有较大影响。因此，控制种植土地和浇灌用水的质量状况，才可以使农业种植类产品的质量状况有足够的基础要素支撑。针对固有的种植土地要素，可以对主要成分进行检测了解后，进行有针对性的成分改良。对于灌溉用水，需要控制加工企业向水资源中排放废弃性污染物质次数，并且严格控制化肥类辅助要素的使用量。针对种植各类作物产品需要的种子要素，需要筛选市场中流通销售的各类种子质量。对于新研发的转基因类种植作物种子，需要科学论证转基因农产品的安全性，普及转基因产品的知识，减轻人们的固有印象。

第二，完善产品标准体系，深化产品品牌影响。在产品质量管理措施方面，严格按照现行的相关规定，出台农、林、牧、渔产品质量安全管理细则，为保障农业产品质量安全提供法律保障；实施农业标准化战略，坚持质量兴农，突出安全、优质、绿色导向，细化和健全包括农药、兽药、饲料添加剂在内的农产品质量和食品安全标准体系，建立和完善农产品全产业链质量追踪体系，进一步实现国内标准与国际标准的对接。加强农、林、牧、渔产品的标准制定与管理机制完善工作，实现产品市场准入与管理的主体有机统一；深化产品产地管理和质量安全县（市）管理。

第三，大力发展有机与生态农业，完善原产地标识制度建设。借鉴其他国家种植农业作物的改进经验，对农产品种植过程中可能涉及危害人体健康的因素给予明确的法律界限规定，从法律规范层面提升国内种植行业向绿色有机农业方向发展。借助法律要素的强制性和限制性，对绿色生态农业种植模式进行细致的制度保障，结合相关标准制定引导绿色农业发展的产业政策。对于有种植绿色农产品意向和初步方案的企业主体，国家可以适度给予种植设备和资金要素方面的支持，还可以将各类质量状态较好的农产品种植区域打造成地理标识性品牌，增加在国内和国际范围取得相关资格认证的可能性。

第四，完善质量安全追溯体系建设，建立农产品质量负面清单。筛选部分种类的农业种植品种和加工企业，作为质量追溯体系的示范区，根据测试结果，不断完善对种植农产品质量层次的检验指标。我国可以学习农业强国的发展经验，通过立法方式，制定食品安全追溯的法律法规，对农产品生产、加工、运输和销售的过程进行监管和跟踪。针对加工农产品企业内部不按质量体系完成工作的主体和种植人员，应根据国家农产品安全类法规进行处罚。

（3）农业高质量发展中数字乡村的应用路径。农业经济的高质量增长主要体现在农产品相关产业链条的延长和各类原料性要素投入基数的增加。提升农产品的质量层次，不只是向绿色种植角度改造，也是以农业各类生产要素物质更有可持续性特征为目标。根据中国各个历史阶段对农业种植状况的总结来看，传统的种植模式虽然可以增加实际种植效率，却无法使各类农产品的质量状态保持在较高层次，使得我国农业种植领域在质量方面的前进速度始终较为缓慢。若使种植问题得到有效解决，需要以创新理念作为农业发展的新动能，利用数字技术，发展数字农业和数字乡村，实现我国农业产业在质量上的转型升级。

第一，激发农业发展潜力。新型信息数字加工技术可以在较短时间内，确保传统型的农业种植加工方式完成向现代模式转变，进而提升农业种植行业及相关行业的质量层次。这一方案的实施可从以下方面入手：①提高数字信息技术与农产品种植环节的融合度，从传统的农产品种植和加工过程中挖掘新的技术要素创新。②可以利用数字信息技术统计数据的便捷性，调动农产品种植过程中其他行业的主动性，丰富和扩充传统的农产品种植加工和销售流程。③借助数字技术平台储存的各行业信息，扩展农产品种植的销售渠道。

第二，赋能农业要素市场。将新型信息数据技术融入种植环节所需的各项要素中，可以使以往作为生产效率增加的主要带动要素呈现出新的实际意义，还可以使整个农产品加工流程体系的质量得到更好控制。这一创新的主要实施途径包括：①借助信息承载平台将固定的种植土地要素向需要主体展示，将所有需要流转使用的土地进行土壤类型等相关信息的记录。伴随信息传播速度的加快，可以使人们更快地浏览到所需的土地，使原本闲置的部分土地可以发挥实用价值。②利用国家对信息数据技术开发的重视程度，使得农村地区已有的资本要素有更适合的使用方向。

第三，强化农业科技创新。借助物流平台数据信息展示方式的创新、运送效率的提升与数据收集方式的便捷性，使农业种植领域相关技术要素的创新探索方向更多，使农业种植效率的增加从原本的生产要素推动转变为以创新理念为加成。

借助国家对农业种植领域的支援性政策，完成技术要素的探索过程，将理论性的农业相关知识向更实际的方向转化和研究。对即将应用于种植领域的科学成果进行适宜性和实用性判断，将原料型农产品的加工流程和产业链条进行层次提升。

将虚拟信息传播手段的升级作为农业种植领域增加自身科学性成果的手段，提供农业知识理论研究需要的各项基础性要素。提高探索出的理论科技成果与实际种植行为的技术融合度，最终使农业种植的发展模式既保证产品质量，又可以实现绿色种植理念。

借助消费群众感兴趣的新型消费热点领域，如开发乡村地区的历史文化景观和自然风貌资源，作为带动种植农产品销售状态更好的外部因素。

根据信息承载平台的不断丰富，提升乡村地区的网络覆盖率，这样做可以对农产品的种植过程实现管理方式的创新。同时，保障产品种植和加工过程中各环节可以按次序进行。

2. 我国服务业的高质量发展

（1）服务业高质量发展的目的。服务业最重要的是为人们提供高质量的服务，需要在提供基础服务的前提下，再为人们提供个性化的高质量服务。人们对服务质量的评判标准不同，用统一的标准对不同行业的服务质量进行评判，需要针对具体问题进行具体分析。因为优质的服务可以为人们带来较好的使用感受，并符合时代发展要求。随着我国经济的快速发展，社会各个行业得到进步，越来越多的行业服务开始围绕服务质量展开良性竞争，对我国产业结构的优化和升级起到重要作用。由于服务质量受到诸多因素影响，因此评判服务业质量是一个较复杂的过程。

第一，服务业的发展与提升服务质量的解读。提升服务质量是发展服务业的有效方式之一，提升服务人员的服务素质、提升自身产品的核心竞争力、发展经济效益和生态效益相统一的良性模式，都是促进服务业发展的重要手段。在保证自身服务质量的同时，服务业主体应顺应时代发展要求和人们的消费需求，才能很好地提升服务行业的竞争力，在市场中站稳脚跟。通过优化企业服务，可以使产业结构得到更加合理的发展。要使服务业得到长远发展，不能只关注服务质量，还需要对产品本身的质量、社会发展要求和人们心理需求展开调查，最后得到综合的影响因素，对服务业发展进行客观、理性的评价。

第二，服务质量影响服务业的发展前景。良好的发展需要符合时代发展要求和人们真实的心理诉求，通过对社会、市场、消费者三者提供满意的服务，才可以帮助服务业发展，从而使我国产业结构趋于合理，并在追求服务质量的同时，谋求经济效益。服务业的发展应当着眼于整个国家，乃至整个国际市场，应当用全面、理性的观点看待服务业的发展。此外，国际服务业的发展具体情况会通过国际的商贸活动表现出来。因此，市场主体要从小区域开始做好服务，从而提升整体服务水平。

要使服务得到良好的发展态势，需要注重每个区域的发展情况，加强区域的服务质量。针对区域间兴起的新兴产业给予重视，并针对服务制定标准、规范行为。注重培养新型产业服务质量，为人们提供个性化服务，使人们在接受服务的同时，获得良好的服务体验。当今时代，一般的新兴产业都以互联网为主要平台，对此要求产业发展需要有良好的信息技术作为发展的基础条件。因此，区域间进行良性的服务质量竞争，可以保证各个区域都有较好的服务质量作为自身发展的优势条件，也可以为其他区域发展提供引导作用，从而带动整体服务质量。

在当今信息化发展的大背景下，不论是传统产业，还是新兴产业，都将互联网融入自身发展中，运用互联网时代的大数据计算技术与信息处理技术，帮助产业得到更好发展，也可以更好地实现自身高质量服务。互联网技术可以为产业发展提供较为便捷的自助办理功能，不仅可以减轻企业工作人员的工作压力，还可以使人们更快、更好地解决基本问题。在新兴企业发展初期，政府会对其提供较多的政策扶持，帮助新兴企业获得较好的发展基础，但也会导致企业自身运营能力下降，不利于长远发展。此外，新兴产业的发展不应当以政府政策扶持作为主要方式，而是应运用自身发展优势，与成熟产业之间建立关联。因此，在新兴的产业发展过程中，要注重与其他产业之间迅速建立起良性关系，加大自身发展优势，从而获得更大的发展空间。

（2）服务业高质量发展的作用。服务业的高质量发展需要各个企业和政府制订长期、稳定的计划，通过不断探索和研究服务业。政府和市场应当运用整体观点，看待服务业的发展。对市场发展方向进行确认，找到符合时代要求和人们真实诉求的服务发展模式，构建高质量的发展体系，为人们和社会创造价值。

第一，满足人民日益增长的美好生活需要的发展。提升服务质量可以提升人们的生活幸福感。高质量的服务需要符合时代发展要求和人们真实诉求，通过提供服务使人们获得良好的体验。随着人们生活水平的提升，人们越来越追求精神上的满足，对此，企业在为人们提供高质量产品的同时，也需要将高质量服务带给不同需求的用户。当今，企业需要排除万难，找到适合时代发展的途径进行发展。为此，应以提升人们生活幸福感作为自身发展服务的宗旨，有效保障人们的切身利益。企业应将自身供给和人们需求进行有效配置，通过平衡市场方式，提升自身的服务质量。

针对人们的不同需求进行针对性服务，使人们可以感受到个性化服务，感受到企业在服务上的提升，消费者对企业的服务进行意见反馈，促进提升企业自身服务。面向市场发展趋势，消费者越来越需要企业为其提供多样化、智能化、个性化的服务。企业在制定服务发展过程中，需要重视用户的使用体验和意见反馈，在产品质量得到保障的前提下，对其进行加工，体现产品的附加价值。针对当今时代的发展要求和人们对美好生活的向往，制定精良的产品，并提供个性化服务，使消费者感受到高质量服务。针对消费者的喜好，制定符合消费者心理预期的服务，有利于企业获得用户的信任，并带来长远的经济效益。

近年来，国家十分关注农业的发展前景，并将大量资金投入农业技术的研发中，大幅度提升农业的生产效率和生产质量，而与互联网的有效融合，可以使农业得到更好发展：互联网的信息技术和处理技术，可以针对网上用户的需求进行统计，从而提升农业发展途径的多样性。企业需要通过制定个性化服务和差异性服务，提升消费者的消费体验。为此，人们对服务业的发展提出了新的要求，也体现出我国当今时代经济得到较好发展。只有人们的生活水平得到提升，才会对精神层次产生追求。当今时代出现新的主流消费，传统的产业发展结构已经不适用于当前的发展形势，需要针对产业的结构，发展符合时代要求和人们心理诉求的产业。伴随我国人口结构发生变化，养老人群激增，新的服务业消费需求随之出现，养老、就医等服务迅速占据服务市场，为服务产业提供更多的发展方向。对此，服务业企业需要不断找寻新的消费点，并对现有的消费点制定良好的服务，使人们感受到较高质量的服务。

提升服务业质量需要明确人们的真实诉求，只有清楚人们的真实诉求及消费心理，才可以有效提升服务质量和人们的消费体验。经过对当今时代服务业的调查研究发现，服务行业在发展初期，都对自身的发展前景充满自信，但通过一段时间的试验会发现，服务市场无法很好地得到发展，存在许多阻碍发展的因素，究其原因，企业应调查市场和人们的需求，保障所制定的发展方向和发展内容的正确性。通过针对性服务，为消费者带来良好体验。企业应做好自身宣传，使人们愿意消费，才有了解服务的机会，加强自身服务机制，为消费者带来更好的消费体验。区域之间的界限也被打破，加强了各个区域之间的经济往来，服务行业的竞争市场不再是自己的区域，而是自身和周边相关联产业。要在激烈的市场竞争中占据有利地位，企业需要有特色产品和个性化服务，创造独特的发展优势。为了应对当今市场出现的问题，各企业应积极采取相应政策，提升自身服务质量。通过对区域的自然资源、文化资源进行开发和利用，可以提高自身竞争力；各地区可针对区域风貌特征和自然景观进行人文加工，提升附加价值；通过宣传，吸引更多的游客进行消费，增强当地旅游业的经济贡献。

第二，有效体现新发展理念的发展。服务业发展符合当今时代发展要求，运用新的发展理念对服务业制订具体的发展计划，通过发展高质量服务业，体现当今时代的发展理念，并为人们提供更好的消费体验，提升人们的生活幸福感。

一是创新理念。当代产业升级主要是以提升核心产品的创新力作为自身竞争的新动力。利用与优势产业相融合的方式，带动新兴产业的发展。服务业在未来的发展要依托创新意识，坚持创新是原动力的发展方向，才可以帮助服务业获得更好的发展空间。真正实现创新，要将创新意识落实到实际发展中，为企业发展注入创新力量。做好基础工作，在稳健的基础上开展创新意识的实施。市场的生存法则为优胜劣汰，只有符合时代发展要求的企业才能长久存活于激烈的市场竞争中。创新意识可以帮助企业决策者选择正确的发展方向，并制订符合时代要求和人们诉求的发展计划，使企业在风雨飘摇的市场中占据有利地位。

二是协调理念。协调产业之间的合理性是发展高质量服务业的基础条件。通过协调产业发展比重和各产业之间的关系，可以使产业更加健康、长远地发展。协调服务业内部的发展模式和发展形态，可以提升服务业整体质量。将各产业之间进行协调，可以促进产业之间的健康发展，使各个产业获得新的发展动力，进而提升城市的竞争力，对提升国家软实力具有很好的促进作用。促进城市产业协调发展，需要优化城市中的基础设施建设和人才队伍建设，使其可以为城市创新发展起到积极作用。

三是绿色理念。在对服务业发展进行探索的过程中，还需要兼顾经济效益和环境效益，用可持续发展的观点看待问题。建立绿色、环保、健康的产业发展结构，协调好人与自然之间的关系，保障发展经济的同时，不会对环境造成不可挽回的伤害。对此，需要对服务业发展提出新的要求，促进服务业绿色发展。在开展商业活动时，将保护环境作为首要目标，保障产品生产环节的绿色环保，针对产生污染的部分进行严格管理和监督。政府应当发挥自身职能作用，引导企业和个人发展绿色产业；宣传追求利益时，更需要关注环保的重要思想。当今时代，各国之间和谐发展，环境保护成为时代发展的主题，各国之间开始关注环境友好的重要性，针对出行、工业等方面制定了绿色环保政策，加强人们的绿色环保意识。

四是开放理念。经过我国政府政策的不断发展，开放是社会发展的必要前提。只有区域之间的联系得到加强，产业之间的关联得到紧密结合，才可以发展高质量的服务业。通过开放式的政策，可以为服务业发展注入新的活力，并时刻调整自身发展方式。

3. 我国建筑工程的高质量发展

目前，我国正处于加速推进城镇化建设、建设美丽乡村的关键时期，现代化建设事业蓬勃兴起。在此过程中，构建建筑工程质量政府监管、社会监理、企业自控的监管体系，完善建筑工程质量管理法规，建立统一有序的建筑市场，以及完善建筑工程质量保险制度、提升建筑技术水平，对于进一步提高建筑工程质量、推动建筑行业高质量发展具有重大而深远的意义。尤为重要的是，职业教育作为培养高素质技能人才的关键途径，在建筑业的高质量发展中扮演着不可或缺的角色，为行业持续输送具备专业技能、创新能力和良好职业素养的优秀人才，助力建筑业实现更高质量的发展。

（1）职业教育为建筑业提供高素质技能人才。职业教育是培养高素质技能人才的重要途径，对于建筑业而言，通过职业教育可以培养出具备专业技能和职业素养的建筑工人、工程师、项目经理等人才。这些人才不仅掌握先进的建筑技术和工艺，还具备良好的职业道德和团队协作精神，能够为建筑业的高质量发展提供有力的人才保障。

（2）职业教育促进建筑业技术创新与升级。随着科技的不断进步，建筑业也在不断地进行技术创新和升级。职业教育通过开设相关专业课程，如智能建筑、绿色建筑、BIM 技术等，培养具备新技术应用能力的专业人才，推动建筑业向更加智能化、绿色化、高效化的方向发展。这些新技术的应用不仅提高了建筑工程的效率和质量，还降低了能耗和环境污染，有助于实现建筑业的可持续发展。

（3）职业教育提升建筑业整体管理水平。职业教育不仅注重技能培养，还强调管理知识的传授和实践能力的培养。通过职业教育，可以培养出具备先进管理理念和方法的建筑业管理人才，他们能够在工程项目管理中运用科学的管理手段和方法，提高工程项目的整体管理水平。这有助于确保工程项目的顺利进行，减少质量问题和安全事故的发生，从而推动建筑业的高质量发展。

（4）职业教育与建筑业高质量发展的具体结合点。在落实建筑工程参建各方的质量责任方面，职业教育可以通过开设相关法律法规课程，提高参建人员的法律意识和责任意识，确保他们能够严格遵守工程质量规定，履行好自己的职责。

在发挥建筑工程监理的质量监管职能方面，职业教育可以培养具备专业知识和技能的监理人才，他们能够在工程建设过程中充分发挥监理作用，确保工程质量得到有效控制。

在完善建筑工程质量方面，职业教育可以为建筑工程质量监督机构提供专业人才支持，提高他们的监督能力和水平，确保建筑工程质量得到全面保障。

4. 我国制造业的高质量发展

（1）制造业高质量发展的机遇。

第一，现代化经济体系有助于拓宽行业空间。根据各国发展制造行业的经验来看，将传统的企业加工手段向新型现代化方向转变的主要方案，是先建立实施目标。各国制造领域包含的部门都是需要较多劳动力要素投入的加工类型，将其加工模式进行改造的主要方向应是降低对技术人员要素的依赖性，转而向依靠投入资本和新型信息技术融入的角度开展探索。工业化国家内部各企业的制造方式转向现代化模式改造，需要在经济总体收入部分较以往保持同样的增长效率，还需要对加工产品质量状况进行更高层次的要求。在经济结构中增加新型制造模式产业数量，需要各个主体将创新理念和虚拟信息应用技术融入加工技术要素中。随着我国城市改造的周期逐步缩短和群众实际经济收入的增加，我国社会中群众的现实需求不再停留于对基本生存要素的追求，也使其他种类制造行业有更多发展空间。根据我国不同地理位置的群众消费状况来看，我国东部沿海地区的居民实际收入状况与西方国家较为接近，使其区域人群的消费水平和方向与西方国家城市保持较高的相似性。这类人群对生存类物质的消费频率较少，但对享受类的旅游消费有较高的热情度，还会关注新兴电子产品的革新状况，为社会制造行业未来发展方向和模式的调整，提供了较多的开发空间。

第二，抢占新兴产业技术制高点，有利于把握产业创新发展的先机。我国应充分利用自身的资源和市场优势，推动各行业技术加工方式向更高层次迈进。我国生产制造行业正处于关键转型期，新的生产制造方式和加工要素不断涌现，且我国有庞大的国内需求市场，在转变加工模式和融入创新要素过程中有基础性优势。新型信息传播平台层出不穷、新型原料性物质替代作用显现，加之我国消费市场优势能为技术革新提供广阔空间，此时我国改造加工制造行业发展模式正当时，在全球各国探索行业创新性问题之际，我国要抓住机会发展。

第三，信息化深入发展有助于推进制造业转型升级。如今，信息要素的传播方式和利用形式持续创新，使各国都有新型的产品制造技术问世和创新发展模式出现。信息应用技术最终成为改造各国加工行业发展模式的主要手段，对原本各国加工各类产品的手段和对产品的销售模式发生根本性调整。在确保实际经济收入增长率稳定前进的情况下，持续提升加工行业的产出效率和应用技术层次。只有利用好的新型信息技术持续改进，才能使工业发展具有向先进制造业发展的基础。经过我国多年对信息传播方式的研究探索，对新出现的信息技术应用手段形式创新有较丰富的探索基础要素。我国在理论性观念研究方面，与西方国家的相差因素较少，部分演示设备和探索工具的开发状况，甚至可以与其保持一致。尤其是我国将国内有较大基数的加工行业向现代化方向转变的需求，使制造业领域对信息技术的开发有较高的实际需要和消费市场。因此，借助各国对信息类技术要素的开发深度逐渐增加，我国可以使传统的加工手段在新理念的融入下，呈现出更高效率。

第四，绿色低碳转型有助于推动制造业全面革新。绿色低碳是伴随信息技术应用方式的持续扩充而产生的新型社会行业。在将以往有较高实际经济效益的加工行业向更环保绿色方向改造的过程中，各领域的新应用技术伴随创新理念的开发而不断出现。这些技术目前还处于应用测试和潜在功能开发的范围，在技术内涵解释和应用范围更加清晰后，将会在各国的加工行业中有更深层次的技术融入和发展模式的呈现。在加工制造行业实际效率和经济收入不断提升的情况下，自然可以将绿色和低碳作为未来加工方向转变的引领理念。将自身技术加工方式附着绿色理念的指引，是许多国家改造加工行业发展模式的主要基点。我国较其他国家，在维护世界绿色低碳环境方面应有更多实际方案的执行，可以借助国家政策方面的纲领性指引作用，细致检查我国制造行业内部加工体系流程的质量层次。

（2）制造业高质量发展的思路与策略。

第一，制造业高质量发展的思路。在我国经济领域，产品制造状况向更高层次提升时期，必须使经济领域发展模式也逐渐向现代化特征更明显的方向改造。实现制造业的高质量发展是实现国家经济领域发展模式转变和综合国力状态呈现的主要区域。加之我国人民群众实际经济收入状况的不断提升，需求不再停留于对生存性物质实用价值的追求，转而追求精神层面的消费需求。因此，我国未来阶段加工行业发展模式转变的引领理念，应是在确保该行业带动的实际经济收入稳定状况下，达到对加工产品制造技术和质量方面更高层次的要求。

制造行业的新特点：①面对信息化和科学化引领的时代发展现状，加工行业调整产品质量层次的工作应集中于满足不同使用群体独特性的审美判断。借助信息传播手段的创新，也可以使加工信息的收集更加便利。②创新改造加工行业各类生产产品的流程，关注理论性科学知识融于加工环节的实际转化效率。同时，需要不断更新加工各类产品的技术要素，关于新生产技术的探索研发应成为下一阶段国家政策支持的主要领域。另外，在应对传统类型的加工企业向现代化方式转变发展模式，确保国家企业实际经济收入的前提下，借技术要素的创新提升企业内部加工生产效率。③针对加工行业未来核心竞争要素的预测结果，调整其生产模式，使不同类型的产业与加工行业之间的联系和带动作用更密切，使加工行业产品质量向更高层次提升的工作任务，应在制造类企业原有的生产要素基础上得到发展。需要重视各行业边界部分的产业形态，在加工行业整体质量水平更高以后，带动相关其他行业发展契机的出现，也需明确如今社会环境下对制造加工行业进行改造，需要在充分了解产品消费主体实际使用需求和审美层次后入手。④加强我国不同区域位置加工行业的生产流程合作，充分利用不同区域间的核心优势要素，弥补相互之间生产要素的缺口。针对不同区域制造企业的合作项目，应先对各主体的实际工作范围和责任边界进行明确限定，这样，在产品质量或加工效率出现问题时，可及时明确责任主体应解决的问题。同时，需充分了解各区域之间的优势加工要素、制造流程中的缺口和技术要素较差的部分，确定不同区域的主要工作目标和政策扶持领域。

第二，实施改造加工行业产品质量状况的调整理念。行业需要考虑改造后的产品实际价值和使用方式是否满足消费群体的新要求。需要在调整各行业产业模式和加工方向行为前，以消费群体对产品使用价值需要的改变作为指引性改造观念，在调整制造行业内部核心生产要素的同时，在产品服务方面进行功能性提升。

针对加工行业产品制造至销售过程的完整体系，提出质量层面的管理要求，需要将传统企业加工模式逐步融入创新理念和信息技术要素的使用中，使其具有明显的现代化特征。在完善产品制造过程中，各主体责任范围的规定和相关链条延伸部分，使加工行业未来产业调整的目标只需要集中于核心竞争型要素的探索、效率的提升和对环境污染度的控制方面。

规定我国内部不同区域在产业加工流程中的责任范围和分工职能，以区域间获得的实际经济效益增加作为指引目标。借助不同区域新型环保性替代物质开发状态和对创新观念理解层次的不一致性，完成挖掘不同区域生产过程中竞争性核心要素。

第三，制造业高质量发展的推进策略。以改造加工制造行业的生产模式和有竞争优势的核心生产要素为抓手，调整各类社会制造行业的流程运行模式。注意创新理念和新型信息传播方式对加工环节的影响，将加工数据的收集和流程的进展状况结合信息技术手段进行监测。同时，我国应加强独立自主研发的核心优势品牌的开发数量，对消费群体实际需求极少的产品种类和品牌类型给予更新调整或停止生产。对企业加工流程进行调整优化的过程中，还应注意企业制造方式对环境状态的影响。

针对我国加工行业工作内容分配的不同，应对产业链内部各环节进行创新理念改造，借助群众对服务行业现实需求量的增加为载体，创新加工行业之间信息数据记录的平台和传递的方式效率；增加各类加工制造行业内部有竞争优势的核心生产要素数量，对有创新理念的企业给予理论性知识研究人员的补充和开发资金要素的支持。针对科学成果探索团队，应将其知识成果应用到实际加工行业中，由知识成果带来实际生产效益，再投入理论科学知识的探索过程。

加强生产规模较大和制造流程较为完善的企业与产品销售性企业之间的联系性合作。如果可以增强大中型发展规模企业之间的合作关系，则可以借助自身销售模式的独特性和竞争性优势，拓展国外地区的业务范围。因此，要调整加工行业的发展模式和实际经济收入，可以从与其相关的销售环节入手，大力应用信息技术促进营销网络体系建设和完善，全方位开拓国际市场。

升级加工环节与后续销售流程之间连接的产品运输过程，将信息技术传播平台和媒介的创新融入产品运输过程中；将原本的产品运送行为从加工方和销售主体之间脱离出来，这样制造行业可以减少无用部分的资金要素和开发精力投入，还可以创新我国内部原本的产业分工状态和流程模式设置。

优化信息技术要素的创新成果与制造流程的融合，从设备更新角度扩展至流程系统部分。改变以往只是由个别企业不断创新改造的现状，调动更多企业变动自身加工制造模式的积极性和兴趣度。面对信息技术持续更新和承载平台不断出现的情况，需要对企业的制造信息数据和生产技术要素设置保护机制。

针对现阶段加工制造类企业废弃物质制造量较多的现象，应加大对社会企业加工技术要素环保型的开发力度。以加工行业使用的制造设备和厂区位置确定两部分为抓手，调控制造类企业内部加工环节排放的废弃物质数量和对环境状态的影响。受制于如今加工技术要素的革新速度限制，应对各企业必须排放的污染物质进行精细化处理，尽量将所有污染性较强的废弃物质向可循环利用方向转化。

总之，经济高质量发展可以带动我国农业、服务业、建设业、制造业的高质量发展。各个行业的高质量发展会带来新的人才需求，推动现代职业教育的新发展。

二、基于经济高质量发展的中国现代职业教育创新

（一）职业教育与经济增长的关系

职业教育与经济增长之间是相互作用、相辅相成的关系，经济的不断发展能够让职业教育拥有更好的质量，而职业教育的不断进步又能够促进经济的快速转型，二者在共同发展的过程中会相互成就。向社会输送更多的专业人才是职业教育的目标，职业教育不仅有着比普通教育更强的针对性，它还能直接对接生产力。在进行专业人才培养时，职业教育通常会要求受教育者将理论与实践相结合，在实践中运用所学的理论知识。

职业教育在面对不同的受教育者时会采取不同的教学方式，让受教育者最大程度地满足社会对人才的需求。职业教育通过提高劳动生产力的方式不断推动经济的发展，劳动力是生产力的重要组成部分，想要获得更高的生产力，就要不断提高劳动生产率，在提高生产力的过程中，职业教育可以帮助相关人员将自身所学的知识转化成生产力，进而促进经济的快速发展。

（二）职业教育人才供给的提升策略

1. 提升人均受教育水平，提升人力资本的质量

人均受教育水平越高，对经济增长越有利，教育人力资本的水平在很大程度上关乎经济增长的速度。只有不断提高人均受教育水平，才能不断

提升人力资本的质量，进而促进经济增长。此外，我国不同的地区有着不同的经济发展水平，而要想保证地方经济的平衡发展，就可以从提升人力资本质量入手。

人力资本质量在促进我国经济发展、实现我国经济增长方面发挥着重要作用。从对经济增长的影响程度看，人力资本水平明显要高于物质资本水平。教育人力资本水平不仅涉及义务教育的普及程度，还涉及人均教育年限。因为人力资本水平与经济发展之间有着密切联系，所以要想促进经济的快速增长就必须不断提高教育人力资本的水平。个人、政府以及家庭等对教育做出的投资就是人力资本投资，这些投资是形成人力资本的基础。政府在出台相关政策时不仅要将更多的财政支出用在人力资源上，还要引导个人和家庭提高对人力资本的投资，进而让各个区域都能够有越来越好的人均受教育水平，保证不同地区在经济上实现协同发展。

2. 提升职业教育办学层次，增加人力资本的范围

人力资本越多，经济增长就越快。要想获得更多的人力资本，推动经济的快速增长，除了要积极开展职业教育，还要让职业教育拥有更高的办学层次。我国的职业教育人才并没有平均分布在各个地区。因此，要想让各地方经济实现协同发展，就要保证职业教育实现均衡发展。

职业教育基本上是为就业提供服务的，它提供的教育或培训非常有针对性，能够让受教育者拥有某种职业的专业技能和知识。相比于中等职业教育毕业生，高等教育毕业生对经济增长的作用明显更为突出。接受过高等职业教育的学生是能够满足社会发展需求的，因此他们在经济增长过程中发挥的作用要高于中等职业教育毕业生，为了让社会对人才的需求得到尽可能满足，应在原有的基础上对职业教育有更进一步的投入，同时建立健全的教育衔接制度，让职业教育的办学层次覆盖到专科、本科和研究生，进而培养出更多高质量的技能型人才。

3. 保证人人皆可教育，促进职业教育人力资本的均衡发展

我国的教育制度一直处在不断完善的过程中，人均受教育水平也越来越高，但除了要保证职业教育拥有高质量的人力资本，还要保证每个人都有平等的受教育机会，这样才能最大程度地帮助教育落后的地区，使其拥有更高的教育水平和人力资本，从而促进地区经济的快速进步与发展，实现地方经济的协同发展。空间溢出是人力资本自带的效应，当经济结合人力资本的空间溢出效应之后，就会减小地区经济的差异。为了帮助教育落后的地区，政府除了可以加大相关地区的财政支出力度，还可以采用转移支付的方式提高贫困地区的教育水平，只有让职业教育得到快速的进步与发展，才能将更多优秀的人才输送给社会，进而不断提高经济社会发展水平。

（三）高质量发展下现代职业教育与地方经济增长的共赢

随着科学不断进步与发展，地方经济和职业教育处于相辅相成的状态下。地方经济的快速发展不仅离不开地方职业教育的发展，还需要职业教育提供人才以及技术，以此来推动地方经济的发展。因此，地方经济和职业教育二者相互协作，让人们认识到职业教育给大家生活带来的影响，更好地推动地方经济和高等教育共同发展。

创新服务于地方经济的现代职业教育创新策略如下：

1. 发挥政府的引导职能

对于地方之间教育机制的构建，国家和地区都出台了相关文件，主要就是在构建职业教育的过程中，所有的课程以及教学方案都听从教育部的安排。为了更好地促进地方经济的发展，地方教育机制可以根据地方需求的变化发生相应的改变。

各地教学机制的构建都是通过上级的制度来完成任务的分配，再由省级政府合理分配地方的教育资源。由此可见，相关主体培养的人才就要适应地方经济的发展，对职业教育的宣传工作要加大力度，让大家更加了解其作用和意义，进而得到社会上人们的认可。

地方企业对区域职业教育发展起着至关重要的作用，只有当其参与到构建的过程中，才能更快地推动学校和企业之间、学校和社会机构之间的共同合作。地方职业教育部门构建的主体不仅是各级政府，还有相关的职能部门，其主要目的就是监督职业教育政策的落实情况，进而提高当地的教学质量。各级政府具有主导作用，不仅将资源优先分配给本区域的职业院校，还建立了社会与院校之间互动的平台，创新了学校和企业合作的形式，引进了更多的科研项目，在一定程度上推动了联合办学的开展，使职业教育更加规模化、市场化，这样更有利于地方经济的发展。

2. 科学定位职业教育的发展目标

职业教育机制的构建不仅要适应时代和社会的发展，还要保留地域职业教育的特点，因此，设置的办学目标要符合地域产业以及经济的发展。为了更好地构建职业教育机制，构建主体要积极投身于企业进行一系列的调研，目的在于更好地了解企业存在的问题，进而设立培养人才的方案，为企业的发展贡献一份力量，以此为目标，地方职业学校要认真落实以下方面的工作：

（1）建立专属的双教师队伍。在多样化的鼓励方法下，使得越来越多的高技能人才来参加职业教育教学活动。通过不同的激励政策，可以更好地调动技能型人才参与职业教育教学活动的积极性，更有利于培养学生的职业素养以及技能，提高教学质量以及教学水平。

（2）积极与当地各个机构进行合作，进而达到信息的共享，从企业的角度来看，职业院校具有教科研资源以及学习资源，如果能和院校进行合作，更有利于企业未来的发展，因此院校要合理利用这些资源，使其最大程度地发挥作用。通过资源的共享，可以及时有效掌握企业最新的经济状况以及发展需求，更快捕捉到市场需要哪方面的人才，以最快速度调整教学机制，使培养的人才满足市场的需求，进而达到双赢的状态，为长期的合作奠定坚实的基础。

（3）地方政府部门不仅要监督地域职业教育体系，还要监督人才培养、学生就业、教学评价以及课程教学等方面。除了做好以上几个方面，还要大力发展地方职业教育的特色，在政府的帮助下，切实落实国家政策，更好地构建具有地方特色职业教育体系，有利于地方职业教育的发展。

第三章　现代职业教育体系

第一节　现代职业教育体系的含义

一、现代职业教育体系的内涵

早在20世纪90年代中期就已经有文献明确提出现代职业教育体系的概念，现有文献主要从四种途径进行界定：

（一）从体系的内涵推衍

从体系的内涵推衍现代职业教育体系的内涵的逻辑是："体系是一种结构模式，是对事物、现象内部和外部各要素诸多联系及其结构关系的系统表述"[①]；"是指若干相互关联的客观事物或作为客观事物反映的观念，在其发展过程中，逐步形成一个有序的整体"[②]。职业教育体系是整个教育体系的一个重要组成部分，是教育系统的一个子系统，是各级各类职业

① 吴祖新．构建职教理论体系框架的思考［J］．职教论坛，1995（11）．

② 孙篬．从构建现代职业教育体系角度审视苏州职业教育［J］．中国职业技术教育，2012（18）．

教育的结构体系，它主要包括职业教育的层次体系、类别体系、专业体系、布局体系、办学体系”[①]。因此，“现代职业教育体系”，就应是“体系完整”，“结构合理，教育机会相对公平，与地方经济发展紧密结合，与各级各类教育相互衔接，正规教育与职业培训相互沟通，学历本位与职业能力本位并重，学校职业教育与社区教育结合的开放型体系”。总的来说，这种从概念到概念的演绎方式有一定的可取之处，但其基本上还是就教育论教育和静态的研究视野。

（二）从外延的角度反向归纳或会意

从外延的角度反向归纳或解析现代职业教育体系内涵的研究路径是：通过列举并界定现代职业教育体系可能涵盖的边界或范围，进而推导出其内在的含义或特性。例如，现代职业教育体系是“包括学校在内的，岗前、岗后教育相结合，正规教育与非正规教育相补充，教育与培训相贯穿的体现现代人力资源开发的职业教育体系”，“包括职业教育宏观体系、职业教育专业体系、职业教育课程体系、职业教育评价体系等”[②]，它“不仅仅指结构，还包括体制部分”。这种研究方式大致界定了现代职业教育体系的外延，但是并不能给出清晰的内涵，需要读者自己去“体会”和归纳。

（三）从当前职业教育体系发展困境中反思

从当前职业教育体系发展困境中反思现代职业教育体系内涵的研究指向是，通过分析当前职业教育体系的实然状态和现代职业教育体系的应然状态之间的差距，从而建构现代职业教育体系的应然内涵。典型的观点如，

① 欧阳育良，戴春桃．论我国现代职业教育体系的构建［J］．职业技术教育，2004（1）．

② 欧阳育良，戴春桃．论我国现代职业教育体系的构建［J］．职业技术教育，2004（1）．

现代职业教育体系的内涵应该包括“适应经济发展方式转变和产业结构调整要求；体现终身教育理念；中等和高等职业教育协调发展”；“能够充分反映‘新经济’对人才的新需求和人才结构的新变化，使不同类型、不同层次人才都有恰当的位置，同时，还能反映‘新经济’对各类教育相互关系的影响；按照终身学习理念，将职业教育体系纳入终身教育体系；实行以学生为中心的弹性学习制度；实行多样性办学，尽可能满足所有人千差万别的学习需要；按照职业技术人才类型及层次构成体系是一个开放的体系，与普通教育和特种教育在学制上可以沟通、衔接，在课程上可能交叉融合”的“大职教体系”，是“动态化、实用化、全民化、多元化、开放化、终身化”的职教体系等。这种从当前职业教育体系的问题探求现代职业教育体系内涵的思路非常有见地，因为这就是职业教育体制改革的目标，但美中不足的是同样未能高屋建瓴地概括出现代职业教育体系的内涵。

（四）从体系（系统）内部和外部的关系角度进行解读

从体系（系统）内部和外部关系的角度解读现代职业教育体系内涵的路径是，通过探索现代职业教育体系与社会经济发展、个体发展之间的关系以及体系内部结构层次之间的关系，从而获得现代职业教育体系的应然特征，以此作为现代职业教育体系的内涵。例如，现代职业教育体系的三个鲜明特征：一是适应经济发展方式转变和产业结构调整要求，即外部适应性，要求这个体系应该是开放的，需要统筹、需要合作、需要对接；二是体现终身教育理念，即内部适应性，要求这个体系应该强调育人功能，以人的终身发展为本；三是中等和高等职业教育协调发展，即内在系统自身的协调性。这种观点是非常具有见地的归纳思路，但是并没有给出科学的分析模型和立论依据，因此也需要继续深入研究。

二、现代职业教育体系的积极作用

我国经过持续快速发展，需要在继续发挥后发优势的基础上，创造自己在新时代新阶段的先发优势，依靠科技创新打造竞争新优势，从而提升自身在国际产业价值链条中的位势。我国当下正在推行的创新驱动发展战略，对劳动力的整体素质、人才结构都提出很高的要求，劳动力的升级提质也需要与国家整体战略进行同步调整、与之匹配，而职业教育作为培养人力资源开发的重要组成部分，对此责无旁贷。

（一）建设现代职业教育体系，保障政治稳定

我国职业教育得到持续快速发展，在促进社会公平、改善民生、维护稳定方面发挥了重要作用。职业教育作为面向人人的教育，为很多有志于走技术技能成才道路的青年学生提供了实现自己理想、顺利融入社会的机会和可能。

国家政策的支持为广大普通民众提供了较为适合对路的公共服务，为切实减轻群众负担、普通家庭子女通过职业教育实现社会流动创设了较为公平的机会和条件。今后还需要政府继续以促进公平公正为要求，发挥政府保基本、促公平的重要作用，为来自基层群众的子女提供更多更好公平的接受职业教育的学习机会，享有同等的接受职业教育的权利，在同等的社会规则面前进行公平竞争。同时，政府需要继续加强对城乡间职教资源的统一调配，对地区之间进行相互帮扶，确保职业教育在解决“零就业”家庭中持续不断地发挥重要作用。这样，很多接受职业教育的学生能够承载着很好的希望去积极进取，人心思稳，人心思进，对未来有着更为理想的期许，增加对社会发展目标的政治认同度，促进社会的和谐发展。这样，职业教育就会起到很好的政治稳定器作用。

促进人的发展是教育的第一价值，职业教育的发展使整个教育的第一价值得到提升。在职业教育的诸多价值中，经济价值是外在的、表层的，

社会价值是中间层的、核心的价值，而人的价值才是最为本原性的、最根本的价值。

教育作为改变个人命运最重要的手段，在发挥其重要作用的过程中，需要秉持好公平原则。通过对教育资源进行合理配置，既符合社会发展和稳定的要求，也符合社会成员对个体发展的需要。人人都有某个方面的特有潜质，有能够发挥出个人才能的领域。教育一定程度上就是善于在学习实践中发现和拓展学生们某方面的优势智能，扬其所长，然后带动其他方面潜能的拓展，促进整体潜能的不同发展和提升。多元智力理论所揭示的真理就是人人都是可塑之才，只是闪光点不同而已。只要方法对路，能够及时发现学生们擅长的领域，及时给予他们合适的空间和机会，每个人都可以得到最适合自己潜能的发展。这种拓展已经远远超越了以往传统的语言—数理逻辑能力的智力观，认为仅仅凭借一方面的高低去评估判断学生优劣，是对学生最大的不平等。

近年来，国家逐步推行开的技能型高考模式，为多元化人才成长提供了一个较为客观公正的人才选拔培养渠道，通过高考制度的改革，我们可以为选择职业教育的学生找到最佳的成才成功之道，接受职业教育，发现自身的闪光点，依然可以找到一条符合自身实际的成才成功之路。即人无全才，人人有才，只要能够找到适合自身智力特点的路子，每个人都可以成才，做最好的自己。在接受系统职业教育之后，很多高职高专毕业生普遍认为，自己在“人生态度、进取心、包容精神、公益心、责任感、法纪观、健康观、成才观等方面有很大的进步和提升”。他们在接受适合自身职能特点的教育过程中，逐渐提高实践智慧，悟得隐性知识，为以后的社会实践打好基础，以自己的潜在优势和实际能力赢得社会的尊重和认可，从每个人内心深处都能够真正在社会上找到适合自己的发展道路，积极融入社会，拓展个人素质、用自己的优势去服务于现代化建设，这非常有利于人们形成社会认同感、增进社会稳定。

（二）建设现代职业教育体系，改善民生

就业是民生之本，通过接受职业教育掌握一定的技能，实现顺利就业，融入社会，职业教育成为解决民生问题的一个法宝和调节器。我国是人口大国，就业问题也始终存在。随着我国经济进入中高速增长阶段，就业的宏观环境也开始发生很大变化，就业又面临着新的形势和考验。

职业教育在我国经济社会发展中将拥有更加重要的位置，通过对处于相对弱势的就业困难群体进行必要及时的帮扶，提升其自身的素质和职业技能，为他们真正融入社会提供机会和可能，可以有效拓展他们的就业生存空间。

（三）建设现代职业教育体系，布局“新四化”

经济社会越是发展，就越是需要高质量的职业教育。从国家今后整个发展大战略来看待职业教育发展的历史作用，我们就可以知晓其在整个现代化建设布局中的重要位置，无形中增加我们必须重视职业教育政策的必要性和紧迫性。

坚持走中国特色新型工业化、信息化、城镇化、农业现代化道路，推动信息化和工业化深度融合、工业化和城镇化良性互动、城镇化和农业现代化相互协调，促进工业化、信息化、城镇化、农业现代化同步发展。这是我国新时代现代化建设的发展取向，也是国家整个治理体系布局的关键一步。

除了需要培养大量的创新型复合型人才，还要着眼于培养高技能的技术人才，为工业化和信息化的融合提供源源不断的人力支持。这些人才，不仅是高效的劳动者和创造者，而且也是在观念系统和行为习惯上脱胎换骨、头脑更加开放、能够与时俱进、不断互助合作的新型人才。只有劳动力素质过硬，具有较强的学习能力，能够很快适应新技术新设备的要求，

根据新科技的发展及时补充调整和优化自己的知识与技能，才能够把新技术新设备这些“硬件”的作用充分发挥出来，提高生产效率，保证产品质量，不断带动产业升级，增强企业的市场竞争力。

促进企业（项目）集中布局、产业集群发展、资源集约利用、功能集合构建，农民向城镇转移，以工业化引领提升城镇化水平、以城镇化支撑工业化转型升级。在促进产业聚集、城市布局、人口分布相互衔接的过程中，同样少不了职业教育的作用。通过接受系统的职业教育和岗前技能培训，在产业集聚区附近的居民可以拥有一技之长，掌握新知识，开阔眼界，积极投身于集聚区建设，紧随工业化发展的趋势，实现转型发展，离土不离乡，服务于企业发展、转型升级的需要。只有他们实现身份的接纳，即从政治经济、文化教育、社会心理、权益保障等方面拥有平等的权利，才算是真正融入城镇成为新市民。既可以从根本上解决好制约企业长远发展的人力资本问题，也可以产生示范带动作用，促使更多的居民去转变生存和发展理念，进行理性妥善安排，顺应新形势，主动学习新知识、掌握新本领，投身工业发展大潮中，才能真正实现产业与城市互动、资源组合、优势互补，实现工业化、城镇化和周边民众长治久安的协同发展。

城镇化是需要突出以人为核心的城镇化，户籍人口城镇化率直接反映城镇化的健康程度。办好市民学校和社区道德讲堂，增强新增劳动力尤其是来自农村劳动力的城市融入感和适应能力，培育现代市民意识和文明生活习惯，让他们在心理上进城、技能上进城、文明习惯上进城，实现新老市民的素质不断提升，使城镇化真正实现以人为本，成为一个增强正能量和社会凝聚力的过程。职业教育质量的好坏关系到为社会培养人才素质的高低，影响到很多行业的健康发展。

（四）建设现代职业教育体系，促进经济发展新常态

培育适用人才发展和经济增长之间有着密切的互动关系。

第一，经济增长是人才发展的坚实基础。经济增长对人才的开发和发展具有决定性作用。①经济状况决定了人才资源的供给和需求关系。随着科学技术的进步，劳动生产率快速提高，经济增速逐渐加快，这就使得对普通劳动的需求不断下降，对高素质人才的需求不断提升。②经济增长制约着人才资本结构的变动。经济增长和发展状况，决定着人才的文化教育层次以及部门、地区和职业的分布结构等。③经济增长带动了人才的相应迁移和社会流动，人才资源根据经济增长的需要在地区、产业和职业间进行适时适量的运动变化。

第二，人才发展是经济增长的源泉。人才是决定经济增长的关键性因素。新经济增长理论认为，人力资本的差别，是导致各个国家经济增长率差异的主要原因。从生产过程角度看，人力资本在生产过程中发挥着要素和效率两方面的功能。作为要素，人力资本在生产过程中不可或缺；后者指人力资本投入质量和比例的提高，是生产效率提高的关键要素。人力资本素质的提高可以提升经济增长的速度和质量。从我国长远健康发展的角度来看，发展人才事业，提高全民族人口的素质，把沉重的人口负担转化为人力资源乃至人才资源的优势，这是实现中国梦的一条必由之路。发展是第一要务，人才资源是第一资源，人力资本质量是经济发展质量的关键。

我国要想实现由工业大国向工业强国的转变，推动经济提质增效升级，也需要适应经济转型升级对劳动者素质的新要求，及时抓住职业教育和培训的关键，培养中高端技术技能人才，全面提升广大劳动者的职业素质。在通过发展职业教育提升经济发展质量方面，我国积累了诸多新的宝贵经验。

职业院校毕业生已经成为我国产业大军的主要来源，成为我国推动实体经济健康发展的中坚力量。培养经济新的增长点，塑造服务业新优势，第一产业更加集约高效，实现中国经济的升级换代，实现以上目标，需要有大规模的技能人才来支撑其健康发展，全面提升人力资源的整体素质。

（五）建设现代职业教育体系，构建学习型社会

终身教育思想自20世纪60年代以来，在纵向和横向上都有拓展。纵向上，延长了人的受教育年限，贯穿于人一生的婴儿期、婴幼儿期、青少年期、成人期和老年期等各个阶段的教育，使人的受教育权利贯穿一生；横向看，表现为对社会各种资源的重新整合，不仅仅是学校教育，也表现为一些“准学校”教育模式，如社区教育、职业培训以及两种以上教育形式的整合。

终身教育表明了这样的一种努力，它把不同阶段的教育与培训统筹协调起来，个人不再处于这样一个分段状态。在职业生活、文化表现、个性发展以及个人表现和满足自我的其他方面需求与教育培训之间，将建立起一种永久性联系。教育越来越被视为一个各个部分相互依赖，并且只有在相互联系中才有意义的整体。终身教育为实现教育机会的平等和教育民主创设了平台，在空间上打通了学校与社会、家庭的阻隔，实现了多元的立体的整合，保障了每个人终身学习的机会，使得实现教育民主化成为终身教育的一个基本追求。

为了适应终身学习时代或者学习型社会的要求，需要改革传统的教育思想和观念，注重培养学生的实践能力，着眼于提高学生的人文素质，培养学生获取知识的兴趣，激发学习的积极性主动性，使其思想处于主动、活泼、思维富有创造性的状态；从未来职业岗位需要出发，使其具备较强的学习能力，通过网络、新媒体等最新手段，培养自主教育能力、自主学习能力和自主管理能力，以便在职业岗位多变的社会环境中做到终身学习和教育，不断调整自己，适应不断发展的社会。

第二节　现代职业教育体系的框架

现代职业教育体系的内涵决定了其建设目标的实质，而现代职业教育体系的结构框架则界定了其建设任务的范畴，它包括建设任务的幅度和深度。但是，现行官方文件和已有研究并没有认真探讨过现代职业教育体系的结构框架，我们只能从职业教育体系的本体、边界、延伸体和环境层四个方面进行简要介绍。

一、本体

现代职业教育体系本体的界定依据有法律依据、经济依据、学理依据和边界依据四种。现代职业教育体系本体的物理层如下：

第一，规模。规模是指现代职业教育体系本体的组织机构及其所包含的人、财、物总体数量，它受一个时期某个国家（或地区）的人口发展指数和社会经济的有机构成等因素影响，并在某种意义上标志着该国家（或地区）的职业教育体系发达程度。

从国内来看，职业教育办学规模是一个更为常见的评价职业教育规模的综合指标，它可能涉及考评时间段历年的职业学校数量、教学行政用房面积、占地面积、校舍建筑面积、教学科研设备值（仪器设备值）、图书数量、专业开设数量、课程开设数量、实习实训基地数量、招生人数、在校生人数、毕业生人数、教职工总数、双师型教师数等指标的总数或者生均比例数。

第二，结构。现代职业教育体系本体的结构在此主要是指组成现代职业教育体系本体的各类和各层次职业教育比例构成，其次是指地区结构、专业结构、课程结构、师资结构、资金投入结构等表层结构。专业设置与经济社会发展需求相适应；健全多渠道投入机制；坚持学校教育与职业培训并举，全日制与非全日制并重；加强“双师型”教师队伍建设；建立健全技能型人才到职业学校从教的制度；加快发展面向农村的职业教育；推进职业学校专业课程内容和职业标准相衔接。现代职业教育体系建设的结构目标主要是指生源结构、层次结构、类型结构、形式结构、专业结构、课程结构、资金投入结构、师资结构、区域布局结构等。

第三，模式。现代职业教育体系的模式从宏观到微观均有多种层次的模式，如管理模式、办学模式、人才培养模式、教学模式，等等。

第四，层次。我国的职业教育和职业培训均有初、中、高三个层次，它们实际上存在一定的结构和比例关系。不过，在此探讨的是指学校职业教育的层次究竟应该高到什么程度以及各个层次间的衔接问题。在当前以及未来一段时间内，现代职业教育体系的层次问题是本着以人为本的理念，解决各个层次的职业教育之间相互衔接的问题，前者是由社会经济的有机构成变化缓慢演进的自发形成过程，后者则是由政治调控而致变的快速奋进的自觉决策过程。

二、边界

边界是指系统与环境的分界面的或假想界限，现代职业教育体系是一个非常开放的系统，它经常跨越边界与环境发生人员、物质、能量和信息等的交换，对其边界识别就会变得更加困难。为此，我们需要从四个维度进行综合考察来确定现代职业教育体系的边界，即职业和职业教育发展趋势、边界的内涵、现代职业教育体系边界划分的理论以及政策导向。

第一，通过职业和职业教育发展趋势可知，现代职业教育体系既要能够满足经济发展方式转变和产业结构调整（社会经济有机构成的变化）对高素质劳动者和技能型人才等产业工人的多样化需要，又要能够充分满足各类主体在职业生涯发展过程中多元化的学习需要，或者接受职业终身教育的需要。

第二，通过对边界的内涵研究表明，现代职业教育体系内部的组成部分（元素或者子系统）与不属于现代职业教育体系的其他事物之间有着本质的不同。现代职业教育体系的内部元素或者子系统对现代职业教育体系的整体性有确定性的影响，而属于环境中的事物只对现代职业教育体系有偶然性的影响。

第三，通过对现代职业教育体系边界划分理论的重构表明，现代职业教育体系的本体应该界定为直接行使职业教育共有权的机构，其延伸体为直接行使职业教育准公共权的机构，其边界截止点为直接行使职业教育私有权的机构。

第四，现代职业教育体系的确是指大职业教育体系，是能够与其他教育良好地衔接和沟通，是由社会经济的有机构成水平来决定的，即职业教育究竟应该是学历导向还是职业资格导向，究竟提供哪些专业类型，是否应该拔高到本科甚至更高层次，取决于其外部环境，主要是指经济的技术构成或者有机构成。同理，现代职业教育体系的边界究竟“放在”哪个位置，不是某个人决定的，也不是职业教育决定的，而是由社会需求决定的，如社会人才观和国家的人才管理制度。由于社会需求是动态的，社会观念是变化的，因此现代职业教育体系的边界也是动态的。

从实质上来看，现代职业教育体系边界的界定，需要从另外四个维度进行综合考察，即第一是社会部门横向分工；第二是教育部门的横向分工；第三是职业教育部门的纵向分工；第四是职业教育学习者生涯的发展。其中，社会部门的横向分工就是指上文中现代职业教育体系的横向边界，教育部门的横向分工就是指职业教育和普通教育的分野，职业教育部门的纵向分工就是指上文中现代职业教育体系的纵向边界，职业教育学习者生涯的发展是指除了职业启蒙教育外的职业人员的整个职业生涯中的职业教育。

三、延伸体

现代职业教育体系延伸体是指在现代职业教育体系的边界内除去现代职业教育体系本体的部分，它行使的是不完全性的、间接的教育权和准公共教育管理权，是现代职业教育体系本体的必要组成部分。

现代职业教育体系延伸体的外延如下：

第一，现代职业教育体系延伸体的组织层。现代职业教育体系延伸体的组织层主要包括社会上独立的职业教育研究和决策支持机构（如职业教育学会等）、社会中介组织（如行业企业协会）、职业教育传媒机构（如职业教育出版机构、杂志或者其他媒体等）、社会上独立的评估评价与督导机构等。

第二，现代职业教育体系延伸体的表现层。现代职业教育体系延伸体表现层的目的在于辅助现代职业教育体系主体功能的顺利实现，其功能在于提供第三方的研究报告、改革建议、招生、就业和专业建设等信息、指导教学模式和课程改革、协助实现校企合作、宣传职业教育成果以增强职业教育的吸引力、交流职业教育经验和研究成果、出版教材等。

第三，现代职业教育体系延伸体的规则层。现代职业教育体系延伸体的规则层主要是指现代职业教育体系延伸体的组织层所涉及的机构制定的与职业教育有关的规章、制度、政策建议、研究报告、行业职业资格、评估标准等。

四、环境层

环境层是描述系统的基本参量之一，它是与系统组成元素发生相互影响、相互作用而又不属于这个系统所有事物的总和。职业教育的环境层实际上是由各种各样与职业教育发生关系的系统组成的集合。

第一，环境层的外部机制。职业教育的外部机制是指职业教育体系与环境之间的相互关系及其运行方式，是外部关系问题，它解决了职业教育体系与环境之间的输入和输出关系，主要有政府—劳动力市场之间的引导机制、政府—行业企业之间的激励机制、职业教育—劳动力市场（就业）之间的适应机制、职业教育—行业企业之间的合作机制、政府—劳动力市场—行业企业—职业教育之间的协同机制、职业教育—其他类型教育之间的衔接机制（如招生）、沟通机制和竞争机制等。

第二，环境层的外部子系统。职业教育环境层的外部子系统是指职业教育行为的外部功能对象，主要包括经济部门（特别是行业企业及其协会）、劳动力市场以及其他不属于职业教育体系的教育类型。

第三节 现代职业教育体系的约束条件

一、现代职业教育体系的宏观约束条件

现代职业教育体系建设的宏观约束条件是指其依从的现在以及未来的宏观环境。影响因素如下：

（一）经济因素

经济因素是指对现代职业教育体系的运行具有实际与潜在影响的因素，如经济或产业结构、财政和资源状况、经济发展水平以及未来的经济走势等。近年来，随着世界经济发展态势的转变，中国的经济发展也出现了一些新的变化，这给现代职业教育体系的建设带来了机遇。2008 年世界金融危机以来，我国经济运行进入新常态，经济增长速度开始趋缓，社

会发展的深层矛盾逐步凸显，产权制度改革进入攻坚期，分配制度改革的迫切性日益明显。因此，必须紧抓生产力与生产关系、经济基础与上层建筑这两对矛盾，构建更加适合新常态的经济治理体系，协调推进产权制度和分配制度改革，逐步消解长期积累的供需结构性矛盾和非均衡效应，激发供给侧改革的潜力，促进经济社会可持续发展，为全球经济复苏释放更加强大的外溢效应。

（二）社会文化因素

社会文化因素是指现代职业教育体系所处的社会中公众的历史发展、文化传统、教育水平、风俗习惯以及人口构成等因素。在中国社会转型期，社会安定团结、和谐有序，为现代职业教育体系的建设提供了良好的社会环境，同时可以在社会各项事业中发挥其人才培养功能和社会功能，为社会的均衡化和统筹城乡发展等提供人才、技术和智力支援。但是，在老龄化来临的新时期，就业压力依然巨大，就业难度有所增加，就业的结构性矛盾更加突出，劳动力市场的供求增幅趋缓，这给现代职业教育体系的发展提出了新的课题，即必须转变发展方式，增强应对就业的结构性矛盾的能力。

（三）技术因素

技术因素既是现代职业教育体系从外界输入的要素，也是输出的产品之一，它不仅仅是指社会层面技术的革新和进步，也包括与职业教育有关的新的教育技术、教育教学模式、教育理念等的发展趋势以及应用前景。重大技术的变革，必然引起产业结构和经济发展方式的重大变革，这为职业教育的专业改革和课程建设提供了新的增长点，为人才培养标准的制订和拓宽就业渠道提供了保障。

二、现代职业教育体系的微观约束条件

现代职业教育体系建设的微观约束条件又称为“内部环境”或“内部条件”，在此主要是指现代职业教育体系内部的物质和文化环境的总和，如物质资源、人力资源、职业教育的基本能力建设、职业教育的校园文化、共同的价值体系等因素。分析微观约束条件的目的是在宏观的发展环境约束下，通过统筹分析中观的竞争环境中的机会、自身内部环境的优势，从而找到适合自身发展的策略。

第一，现代职业教育体系的环境机会。随着政府越来越重视职业教育对现代经济社会的重要作用，颁布了多个重要政策文件和法律条文，开展了多项重要的职业教育体制改革，并取得了一定的成效，教育经费投入逐年增加，办学条件得到了极大改善，职业教育的办学特色和优势崭露生机。中国昂首阔步走新型工业化道路，国家产业结构调整和经济发展方式的转变，无论是传统产业还是高端制造业和新兴产业等，必然对高素质、高层次、高技术、高技能以及综合型职业教育人才需求强劲。当前时代，知识不仅仅是社会和生产经验的积累，更是社会化大生产的生产要素，是社会对知识的传播和运用方式的革命性变革，以及人们在短时间内能够找到这些知识并能够正确运用的能力。因此，知识经济时代的根本性变化在于知识运用方式、传播方式的剧变所引发的社会生产方式的快速变革和彻底变革，如 3D 打印技术在制造领域越来越广泛的运用。

第二，现代职业教育体系的自身优势。①职业教育体系逐渐完善，办学规模持续扩大。经过多年的改革和发展，中国已经形成了初、中、高三个层次共存、学校职业教育和职业培训并举的职业教育体系。②职业教育特色逐渐鲜明，社会认可度逐步提高。近年来，通过国家和地方政府示范性高等职业教育和中等职业教育建设计划的实施，一大批职业院校的基础能力得到提高，定位日益准确，职业教育特色逐渐鲜明，培养了大批工作在一线的“用得上、留得住”的技能型、应用型人才，得到了社会各界的

广泛认同和支持。③专业建设与社会需求更加吻合，人才培养结构逐渐合理。

第四节 现代职业教育体系的突破路径

一、教育理论的突破

现代职业教育体系建设规划的科学性、改革管理的规范性和学科地位的合法性均会受到质疑，从而也会给建设目标的设立制造原始的障碍。因此，要科学设定现代职业教育体系的建设目标，必须首先建立相应的理论根基，如此才能构建起理想的现代职业教育体系。

二、约束条件的突破

从现代职业教育体系约束条件来看，约束条件既是现代职业教育体系建设的基础，也是现代职业教育体系的限制性因素。相对而言，约束条件对现代职业教育体系的影响还是直接和明显的，而现代职业教育体系对这些因素的逆向影响则是间接和缓慢的。现代职业教育体系要想在社会经济中有所作为，要想在教育体系中拥有引领性和话语权，不可局限于一蹴而就的短线改革行为，而应该做好长远的战略谋划，通过循序渐进的改革和持续不断的发展，利用好约束条件的有利方面，规避其不利方面，逐渐形成对社会经济和文化生活具有引领作用的教育体系。

三、办学形式的突破

职业教育的向上延伸在办学形式上可以采取两种模式：第一，在已有办学水平较高的高职院校（国家示范）开展重点专业四年制职业教育本科试点，发展本科和本科层次以上职业教育。第二，现有的本科院校、企业和高职院校合作，协同创新，开展“3+2”（三年高职，两年本科）或“3+1+1”（三年高职，一年本科，一年企业实践）等形式的职业教育本科人才培养。

四、投入保障机制的突破

树立“大教育观”和“大职教观”。政府统筹，整合教育、财政、发改委、人力资源和社会保障等各部门的资源，人才培养、培训经费（教育费、培训费、项目经费）统一管理。提高经费投入的公平性，高职院校的生均财政拨款逐渐向本科生均财政拨款靠拢，达到教育政策所规定的标准。政府将这项工作的落实情况纳入教育督导的范畴。

五、人才队伍的突破

扩大高职院校对于引进人才的自主权，为引进人才设立绿色通道，随到随聘、随聘随用，不受普通招聘的时间、条件限制。同时，政府和学校对引进人才给予专项经费补贴，设立专项研发经费，在专业提升机会、升迁机会、评先评优等方面向关键岗位教师倾斜，鼓励教师开展立地式教学和研发。积极推行职业教育师资海外培训计划，由主管教育部门选择一批国外优秀职业院校作为合作院校，并针对不同专业建立访学合作项目，供当地职业教育机构管理者和高校教师到国外优秀职业教育机构学习。

六、学历学位与国家资格证书的对接突破

逐步实现学历证书体系与职业资格证书体系的融通。推进职业教育教学内容与职业资格的全面对接，逐步实现职业教育、培训与普通教育的沟通与衔接。由行业组织牵头根据地方经济发展的情况制定职业资格认证标准，建立职业岗位准入制度，改革现有的部门分割、条块分割的现状。

七、集团化办学突破

不断完善职业教育集团化办学管理机制和发展条例，推动政府、行业、企业、科研院所和社会组织积极参与集团化办学。由若干同类型大型骨干企业和国家示范性高职院校共同牵头组建行业（产业链）职教集团，集团内实现应用型本科、高职、中职的有机协调发展。

八、评价主体的突破

国家从法律层面制定校企合作、校地合作条例，在法律层面明确政府、行业、企业、学校等利益共同体在校企合作中的权利、责任和义务，建立校企合作、校地合作的沟通、协调和指导机制。制定相应的政策文件，完善经费保障机制，为校企合作提供专项经费、补贴和税收减免优惠等政策支持。政府部门、行业组织、企业、第三方评价机构既履行好各自的职责和义务，又密切开展协同创新，整合资源，为职业院校创造良好的外部环境，充分扩大职业院校的办学自主权。

九、重点建设项目的突破

目前国家和省教育部门为了促进学校教育教学的发展，设置了一系列的重点建设项目，供学校进行申报。具体包括国家示范校建设、骨干校建

设、优质校建设、双一流院校建设，国家级、省级资源共享课程、特色专业、实习实训基地建设、卓越校建设等，在设置这些重点建设项目的时候要根据地方经济发展、产业发展的需要进行合理布局，提高示范校的可持续发展动力，提高重点项目建设经费的实效性。

第四章　大学功能、职能与大学生观念研究

第一节　大学功能的演变与重建演变

功能是指事物或方法所发挥的有利作用、效能。大学功能正随着人类社会的持续进步及价值取向的变化而不断发生着嬗变，其功能演绎着量和质的变化，如由最初单纯的“人才培养”功能向“人才培养、科学研究、社会服务、文化传承创新、国际交流合作”五项基本功能升华。大学作为一种社会机构，它根植于现实，又超越于现实，未来大学的加速变化已成必然，其大学功能更与时俱进。

一、大学功能的历史演变

（一）三大基本功能的演变过程

大学是从中世纪一直延续到现代的组织，大学延续至今是由于其适应性而非其延续性，而伟大的大学必定是那些能够快速、有效地适应环境变化的大学。从大学的发展史来看，不断承担起新的功能是大学延续至今而

不致衰败的根本原因。每一次新功能的承担，就是大学顺应社会需要的一次“进化”，也是大学发展方向的一次转型。

现代大学理念与模式的改变从侧面反映了大学功能不断变化的历史轨迹，也即从单一的“人才培养”功能演变为“人才培养”“科学研究”和“社会服务”三大基本功能。

1. 大学的“单功能”阶段

大学的“单功能”阶段以纽曼（Newman）的思想为主导，时间是从 11 世纪末大学产生至 18 世纪末、19 世纪初，也即古典大学阶段。在这一时期，大学是主要的教学机构。

建立于 1088 年的博洛尼亚大学被认为是世界上第一所授予学位的大学，当时，该大学主要承担人才培养的任务，是教会、法律系统和医学领域专业人士的高级培训场所。在此期间，人才培养（教授、传播知识）是大学的唯一功能，它既是大学的固有功能也是最基本的功能。

2. 大学的“双功能”阶段

大学的“双功能”阶段则是受到了 16 至 18 世纪科学革命的推动，社会对大学的人才培养提出了新的要求，大学的理念和教学方式也发生了重大变化。科学研究和研究生教育逐渐受到重视，大学肩负起了人才培养和科学研究的双重任务。

1809 年，柏林大学的建立开辟了德国高等教育的新纪元，同时也标志着现代大学的开端。柏林大学确立了以“教学与科研相结合”为核心的洪堡大学思想，大学的功能不再局限于教授和传播知识，而要发展科学。

1876 年，以德国大学为榜样，美国创办约翰斯·霍普金斯大学伊始，校长丹尼尔·科伊特·吉尔曼（Daniel Coit Gilman）就宣布“研究生教育和高一级教育是大学最重要的使命”。大学的目的在于“最自由地促进一切有益知识的发展……鼓励科研，提高学者的水平”。之后，Flexner对“洪堡式”大学理念进行了系统的阐述，他特别强调洪堡式的“现代大学”区别于纽曼“理想大学”的特征，指出了“科学研究”对大学的重要性，肯定了科学研究是大学的重要功能之一；他也强调大学人才培养的重要地位，认为任何成功的研究中心都不能替代大学。这充分体现了大学的功能不只局限于科学研究，而人才培养也占据重要地位。大学培养的人才不仅是为了从事某种职业而具有一技之长的人才，也应该是具备牢固基础知识、全面发展的人才；此外，大学应该成为追求真理、探究高深学问的场所，大学也应是不同观点、不同学派学者荟萃的空间。①

3. 大学的“三功能”阶段

大学的“三功能”阶段出现于19世纪60年代，大学三项基本功能的发展是随着社会变迁而逐步变化的，随着功能的演变，大学从游离于社会之外到处于社会边缘，最终走向社会中心。总的来说，大部分中国学者认可现代大学具备三项基本功能，即人才培养、科学研究和社会服务。

现代大学的三大基本功能是从社会实践的着力点分析探究而来的，体现了人类社会发展的实际需求，因而成为大学最基本的功能，这也是大学历史发展过程中内生出来的功能，其发展历史源远流长，有着存在的历史必然性。目前看来，三功能论在高等教育界仍占据主流，部分是由于对新功能的识别与确认还缺乏可靠的原则与评判标准。

（二）多视角的大学功能划分及演变过程

从大学功能的内在逻辑出发，大学的功能包括下列三项：文化传授、专业教学、科学研究和新科学家的培养。从知识的产生和传播出发，大学

---

① 刘述礼，黄延复．梅贻琦教育论著选［M］．北京：人民教育出版社，1993.

的主要功能是知识的获得、传递和应用。以高等教育价值观为起点，现代大学的功能包括三项：培养人才与发展个性、文化创新和文化涵化、社会批判。

从大学功能的历史逻辑出发，大学功能演变及其内涵不断丰富，并对三功能阶段后第四功能的出现进行了辩证思考。从大学功能的历史演变及内在逻辑而言，现代大学的功能，即人才培养、科学研究、社会服务、文化传承创新等，是大学在发展演变过程中，根据时势变化，不断调整、不断完善所折射出的大学本质的具体表现，反映了社会的时代特征。同样，徐辉和李薇认为，自中世纪以来，大学的社会功能不断变化，社会的快速发展对大学提出了新的要求，现在的大学已不再是单纯的学术组织，大学受到社会环境和自身变化的双重影响。大学在履行学术功能的同时，更多地担负起艰巨的政治功能、社会功能、经济功能和文化功能。

大学功能是动态的，反映了不断变化的哲学理想、教育政策和特定社会或学术机构的文化。

二、现代大学功能的重建演变

大学的人才培养功能指的是大学利用教育教学资源培养大学生，使其成为有较高才能的人，这些人才完成培养后在社会中发挥正向和积极的作用。人才培养是大学的基本和核心任务，通过知识的传授、人格的养成，大学为社会培养使人类社会得以延续与发展的各类人才。现代大学功能的重建演变，如图 4-1 所示。

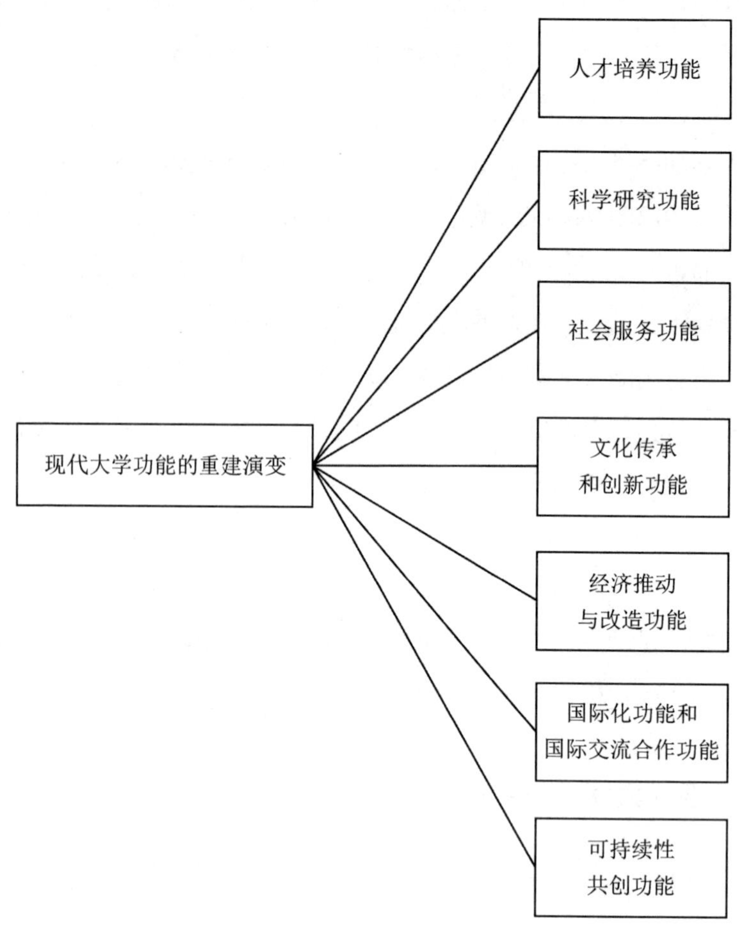

图 4-1　现代大学功能的重建演变

（一）人才培养功能

重组大学人才培养的六个维度：一是教育理念的选择，有关于“为谁培养人才”“培养什么样的人才”“怎样培养人才”等问题；二是人才培养目标的设定，培养目标是教育培养所预期要实现的结果；三是人才培养对象和培养者的甄选，培养对象是教育接受对象，大学生是大学人才培养活动的主要对象；培养者就是施加教育影响的人；四是人才培养模式、教学模式的开发，培养模式是指在一定的教育理念指导下，以一定的培养目标为指向，以相对稳定的教学对象、教学内容和课程体系为中介，以确定的管理方式和评估方式为手段，实施人才培养过程的总和；教学模式是为达到这些目标而实施的教学手段总和；五是人才培养过程的不断优化和发展，培养过程是指为实现人才培养目标而安排课程、采用合理教学方式等的过程总和；六是人才培养的制度保障。以上六个维度对大学的人才培养功能做出了详细的分解，透过这六个维度，大学人才培养功能的内涵得以清晰地呈现出来。

大学的人才培养功能主要是通过一系列的教育和实践活动来体现的。教育活动主要包括课堂教学与学习（统称为“教学”）。随着知识经济社会、创新时代的到来，教学从单纯向学生传授知识转变为教授学生学习知识、掌握求知方法，引导学生发现问题并解决问题，鼓励学生自主学习，从而将学生培养成为富有主体精神与创新能力的人才，培养社会发展所需要的人才，最大限度地促进学生的全面发展。实践活动主要包括除课堂教学和学习外与学生个人发展、成才相关的一系列教育实践活动。这些实践活动更多与大学的科学研究和社会服务功能联系起来。也就是说，现代大学的人才培养不再像以前那样只依赖于知识的传授和讲解，而是必须在科学研究和社会服务中育人。

（二）科学研究功能

大学的科学研究功能是指大学为了增进知识（包括关于人类文化和社会的知识）以及利用这些知识去发明新的技术而进行的系统的创造性工作。科学研究是一个在实践中不断发现问题、探索未知、探究规律的过程。近年来，大学的科学研究正在转变且越来越受到重视，现已被视为国家创新战略的主要组成部分。

大学的科学研究功能可经由不同的科学研究活动得以表现出来，并由此体现出大学发挥科学研究功能所产生的积极作用。大学发挥科学研究功能的作用在于：①作为教育机构，大学科学研究的主要作用首先是培养人才，特别是培养从事科学研究的人才；②大学在科学事业发展上的贡献，主要在于通过基础研究产生新知识和创造新理论；③大学通过应用与开发研究对技术的贡献在现代社会的经济发展中发挥着越来越积极和明显的作用。

（三）社会服务功能

大学的社会服务功能被称为“直接为社会服务”，以区别于广义的社会服务，是指大学的智力资源直接且迅速地转化为社会生产力（社会实践）。

大学的社会服务主要包括以下七个方面的内容：

第一，公共利益服务。大学通过与外部社会的互动为社会带来益处，具有学术性、专业性和互利性等特征。例如，大学与地方专家合作，将公众的需求、经验、知识等外界因素纳入大学主导的活动和项目当中，以此帮助解决现实问题。

第二，公共政策服务。大学作为智囊团为城市和国家的政府建言献策，提供政策咨询服务。

第三，经济服务。大学与经济领域的不同利益相关者建立联系，如大学与企业开展合作，通过技术转移，提高生产力、促进当地就业等。经济服务的主要形式包括产学研合作、技术转移、企业孵化、科技园、校办企业等。

第四，公民教育。大学有责任和义务培养学生的公民责任和道德感，培养关心社会发展的公民。大学与外部社会的紧密联系为学生提供了了解社会、发现并探讨社会问题、参与解决社会问题的机会。

第五，构建创新网络。大学在与外界的互动过程中发挥根本性作用并成为创新活动的重要参与者。在这里，“创新”一词是指通过应用已有知识提高生活品质、提升企业和商业组织竞争力、丰富公众社会体验的过程。创新的基础在于大学科学研究活动产出的新知识。

第六，继续教育。继续教育作为终身学习的关键，为离校后社会成员提供多元学习机会，涵盖学位课程、职业培训、劳动力技能提升及创业教育等，助力个人成长与社会进步。科研与创新紧密相连，共同驱动社会服务。科研探索未知，创新转化成果。大学在创新中运用科研方法，解决问题，促进知识的有效应用。研究者基于需求提出问题，探索解决方案，依托学术资源与制度保障，确保创新规范可持续。继续教育、科研与创新构成大学社会服务功能的三大支柱，相互依存，共同推动大学功能重建与演变。继续教育满足个人发展需求，科研深化知识探索，创新促进成果转化，三者协同作用，增强大学社会服务效能，助力社会全面发展。

第七，校友服务。大学为已毕业的校友提供工作和实习机会，提供教育和培训机会，提供体育场馆和图书馆等校园设施。通过与校友的密切联系，大学建立起由校友组成的全球学术和职业网络，并有机会获得校友捐赠等帮助和支持。

（四）文化传承和创新功能

文化传承和创新是大学与生俱来的品性，也是大学独有的、具有深远影响的功能之一。这一功能通常集中在社会转型期、外来文化与传统文化的碰撞时期、生产力水平跃升时期，传承文化、探求真理、化解冲突，从而构建和谐社会是大学文化传承和创新功能的时代要求。大学建设与发展的过程本身就是一个在大学文化传承和创新之下向多元文化和包容性文化发展的过程，这也是大学文化自身的特性所决定的。大学的文化除了延续传统和保持本真外，也高度地贴近外部社会变革而不断发展，从而真正形成对外部社会其他部门的规范与带动，推动人类社会的不断进步。

（五）经济推动与社会改造功能

第一，经济推动功能。大学是高水平劳动力、专业知识和技能、科学进步和技术创新的来源。作为知识经济引擎，大学对财富创造、经济增长和竞争力越来越重要，这主要是以技术推动或市场拉动的形式来实现的。推动经济发展功能还强调了对学生进行创业教育，以培养学生的创业精神和技能。

第二，社会改造功能。大学通过知识传播和人才培养帮助建立一个更好的社会。大学的社会改造功能涵盖以下四个方面的内容：①经济变革。经济目标常常推动高等教育的改革，这些改革反过来又推动了一段时间内社会和经济的转型与发展。②政治变革。大学既可以成为旧政权的重要支持者，也可以成为批评和反对者的“庇护所”，大学也可以在制度更迭后的转型时期为正在建设的新制度提供建议和人员。③社会变革。大学对社会再生产的贡献与对社会转型的贡献相当，大学为社会输送合格的人才、提供新的技术等。④文化变革。大学既提供了将外部开放的思想和经验输入较为封闭的社会途径，也为本土文化和精神提供了储存空间。

（六）国际化功能和国际交流合作功能

在高等教育国际化不断深入的背景下，大学应具备国际化功能，本质在于实现大学三大基本功能（人才培养、科学研究和社会服务）的国际化。具体而言，大学的国际化功能包括以下内容：首先，大学的国际化功能强调全球化背景下大学的跨国性和国际参与。其次，国际化功能的重点是国际或多元文化课程以及国际化的教育使命，即增加国际学生人数、增加学生和教师的国际交流；国际化功能还强调不同国家间大学的联系和各类大学联盟以及区域性组织的建立，强调最终目的是为世界范围内的民族国家服务。最后，国际化功能的另一特点在于对国际竞争的强调，也即大学需要国际化才能参与全球市场的竞争并减少对本国政府的依赖。

大学具有国际化功能，体现了作为国家间的文化交流与合作平台，大学在传承文化、批判文化和发展文化过程中的主动性地位。在他们看来，这是大学除人才培养、科学研究和社会服务外的第四功能。

大学国际文化交流与合作功能的目标是在世界范围内建立起一种“和平文化”，从而促进人类的和平与共同发展，主要形式是开展国际合作和国际理解教育，即大学作为主体，开展跨国界、跨民族、跨文化的高等教育交流与合作，主要包括师生流动、合作办学、国际合作研究、国际学术会议、国际教育资源的互补和援助等。

大学发挥国际文化交流功能，除了有助于弘扬本民族优秀的传统文化外，还能在全球化、国际化不断深化的背景下促进大学自身的发展，也有助于增进不同文化的相互理解和认同，从而促进国际和平与发展。因此，国际交流合作也可理解为大学的第五项功能。

（七）可持续性共创功能

大学未来可能具备可持续性共创的新功能，这一功能来源于大学与政府、企业和民间社会的合作之中。通过这种合作，大学推动特定地理区域或社会子系统的可持续转型和发展。这一功能是大学社会服务功能的扩展，即大学在可持续发展的价值理念上，通过合作创新建立起一种用于促进技术、社会和环境共同发展的方案，从而推动城市的全面发展。行动研究和跨学科研究是大学开展可持续性共创活动的根本手段；技术转移、合作拓展和服务学习是大学开展可持续共创活动的主要途径。

第二节　大学职能的演变与未来发展

一、大学职能的演变

（一）培养人才

大学的职能是随着经济社会的发展变化而变化的。但毋庸置疑，教学始终是大学最原始、最基本的职能。一般来说，诞生于中世纪的意大利波隆那大学和法国的巴黎大学被认为是现代大学诞生的标志，这些大学具有较强的专业性。因此，西方大学最古老和最基本的职能是教学，它们为学习本身而存在。大学在满足政府和教会对各种人才的需要的过程中不断发展。中世纪大学的办学方向与任务以及围绕专业、书本、正统观点的讲授、学习和讨论的教学活动，决定了高等教育第一项职能的产生，即培养人才。

（二）科学研究

科学研究职能的确立得益于德国柏林大学（1810 年）的建立，其创始人洪堡倡导教学与科研相统一的原则。他认为，大学不仅是传播知识、培养人才的场所，还是发展知识、创新知识的机构。20 世纪初，美国向德国学习强化了大学的科研职能，逐步建立了一批在世界上具有很大影响和重要地位的研究型大学。科学研究进入大学和研究性大学的产生决定了大学第二项职能的产生，即发展科学。

（三）社会服务

随着社会经济的发展和科技的进步，大学与社会的关系日益紧密，大学不再故步自封，开始主动加强与社会的联系。如英国大学推广运动的兴起和城市学院的产生，美国赠地学院的建立，以及“康奈尔计划和威斯康星思想的形成”等。尤其是 1904 年范海斯（Van Hise）提出，大学应作为一个瞭望塔，积极参与改善社会的活动，并作为服务社会的主要公共机构。

（四）文化传承

大学职能的变迁是经济社会发展的结果，也是社会发展对大学提出新的需求，是大学生存发展的内在需要，文化传承创新已成为当代大学发展的自觉选择。传承创新文化、推动文化交流既是时代进步和社会发展对大学职责的新要求又是对大学职能认识的拓展。大学文化传承职能与构建中国特色社会主义核心价值体系密切相关。大学不仅用先进的文化培养各种优秀人才，而且在此过程中将其所蕴含的丰富的文化底蕴、人文和科学精神、创新精神源源不断地传递到社会，对社会文化起着积极的导向和辐射作用。[①]

二、大学职能的未来发展

大学各职能是相互联系、相互渗透的，共同构成了现代大学的职能体系。但不同层次、类型的大学职能发挥的重点是不一样的，任何大学都应根据自身特点，以培养人才为中心处理好各职能间的关系。[②] 大学职能的未来发展如下：

① 杨映. 文化传承：大学职能的新发展 [J]. 教育理论探索，2012，28（1）.

② 陈昌贵. 略谈当前高校教育质量保障的“三动三不动”[J]. 现代大学教育，2002（5）.

（一）越来越模糊的边界性

随着大学的不断发展，大学组织结构将走向“松散联合”，大学功能将不断打破内外部边界——打破功能内部边界主要是在功能内部形成交叉区，代替传统上割裂的功能块；打破功能的外部边界则是不断加强与外部的政府、社会包括市场进行战略合作。大学功能边界将更具有可渗透性和灵活性，以柔性组织结构模式代替刚性模式，以可持续变化的结构代替原先那种相对固定的功能模式。

（二）逐渐弱化的独立性

在经济全球一体化时代，大学逐渐突破故步自封和画地为牢的模式，走向与社会全要素间的深度合作，形成以多方共赢为目标所搭建的“长效运行”的利益共同体。在未来大学，联合与共享成为发展趋势，校际联盟与校外联盟将成为主流。未来传统意义上的综合性大学将会不断减少，大学需要构建自身的发展重点，明确功能定位，发挥自身在社会中的独特价值。可以预见，未来将会出现以科学研究、教学、就业、创业、终身教育等为核心的大学，不同的功能定位有利于大学办出特色、向专门化方向发展，大学在各自领域内不断做深做强，形成在纵深上不断发展的专业型大学。而大学的校际与校外联盟则是在每个学校之间、学校与社会全要素之间建立了一个彼此互通的环岛，使学校与学校、学校与社会之间保持密切的联系，实现师资、课程、设施、服务等方面的资源共享。

（三）越来越综合的大学功能

伴随社会的重大变化、时代的不断发展，大学功能的拓展是永恒的，且是不断动态变化的，只有这样，大学才能成为实现功能最大化的“生机勃勃”的有机体。一方面，未来大学功能更多的是围绕某一核心功能而形成的互动协作机制，并以此来突出自身的特色和办学优势。未来大学应更加重视核心功能建设，将各职能部门围绕左右，服务核心，从而实现功能的有机整合。另一方面，促进大学功能发挥各自的优势，整合互补性资源，实现各功能间的优势互补，加速大学功能的动态化发展。在新的历史条件下，人们的思想观念日益多元多样多变，大学能否成为人类社会发展的动力站，能否成为时代前进的号角，是未来大学功能发展的重要方向。

（四）逐渐增强的开放与包容性

未来社会智力资源与物质资源相比将更占优势，个体需要不断地去学习，以适应工作和生活的需要，新形态、新业态下的高等教育逐渐走向大众化、普及化，更具开放性和包容性。未来大学提供的将不只是一种教育而是一种生活方式，将为所有人提供公平和平行的学习机会，教育结构更加宽泛，形式更加多样化。同时，接受大学教育的年龄阶段也将得以扩展和延长，已经从事社会劳动的个体同样可以再次回归大学，能够在工作和学习之间灵活转换。而大学也将像第一次世界高等教育大会报告所指出的那样，“提供高等教育和终身教育各种机会，使学生有入学和退学时间上的灵活性以及个人发展和社会流动的机会”。

（五）逐渐居于核心的超前性

随着社会的成熟发展和知识的价值增长，相较于继承和保持传统，反映和保存特定社会的价值观、准则与习俗等“安守本分”的传统大学来说，未来大学引导和发起社会变革的基础已经存在。以“变革和社会改革的代理人、引领者”为奋斗目标的未来大学，将肩负起引领社会变革的责任，同时社会的高速发展也必将不断促进大学对社会发展方向更为快速、准确地做出具有前瞻性的反应。最终，这将使得具备超前性的大学社会服务功能逐步实现由“被动迎合”到“主动探索”再到“指引前行”的变革。大学应用其学习知识、创造知识、储备知识与转化知识的能力，洞察人类进步规律与社会发展轨迹，实现个人、团体和国家意志。像完美的汽车导航系统一样，不管多么复杂的环境、多么细小偏僻的目的地，只要按照导航引领前行，就一定能准确地到达目的地，且时间在可控的范围内。可以预测，这种超前性将越来越成为大学的核心竞争力。

未来大学将面临前所未有的挑战，未来大学功能不再是一种职能或几种职能可以概括的。当然，除了“基本职能”一说外，未来大学将出现更多的综合职能与派生职能、多元化职能与一体化职能、共性职能与个性职能，未来大学功能的研究需要学者与专家不断研判，并在发展的基础上不断升华。

第三节　大学生观念研究

一、大学生的职业价值观

工作的好坏其实并没有一个固定的标准，主要取决于个人的主观意识。由于每个人都是不同的个体，其想法也各不相同，使得不同个体对工作好坏的评价标准也不一样。

价值观是基于个体思维和感受作出的评价、判断、理解或选择，主要以潜在的方式对人的思想和行为进行主导和影响。价值观具体表现在对事物的看法、对是非的判别和对利益与道德的取舍等方面。价值观在职业选择上的体现叫作职业价值观。大学生在选择职业时都会受一定动机的支配，而择业的动机一般都是由职业价值观决定的。

（一）职业价值观的探索阶段

我们对职业价值观进行探索，通常需要三个阶段：

第一个阶段，选择一个职业价值观。在这个阶段我们可以自由选择一个职业价值观，不考虑他人所给予的压力，也不考虑其他的价值观，然后思考选择的后果。

第二个阶段，正视自己的职业价值观，也就是说愿意在合适的时候向他人公开自己的选择。

第三个阶段，依照自己的职业价值观开展行动。只有人们在做出符合自己职业价值观的行为后，谈论这样的职业价值观才能对其职业选择起到帮助作用。

（二）职业价值的维度解读

价值观量表将职业价值分为三个维度：

第一，内在价值维度。内在价值维度是与职业本身性质相关的因素，即工作本身所具有的一些特征。智力激发、利他主义、创造发明、独立自主、美的追求、成就满足、管理权力这 7 个因子属于内在价值维度。

第二，外在价值维度。外在价值维度是指与工作内容没有关系的外部因素，即人们通常所说的工作环境。工作环境、同事关系、上司关系、多样变化这 4 个因子属于外在价值维度。

第三，外在报酬维度。外在报酬维度是指在工作中所能获得的因素。声望地位、安全稳定、经济报酬、生活方式这 4 个因子属于外在报酬维度。

为了获得更好的职业发展，大学生需要为自己做职业生涯规划。在制订职业生涯规划之前，大学生必须明确自己的价值观和职业价值观。价值观和职业价值观决定了大学生对影响自己职业发展因素的选择标准，如决定了哪些因素是需要优先考虑的，哪些因素是最后考虑的，哪些因素对自己是至关重要的，哪些因素对自己是毫无影响的等。

（三）影响职业价值观的因素

大学生在分析自己的价值观，尤其是职业价值观时，可以以国内外学者提出的价值观类型作为参考。影响职业价值观的因素可以从以下三个方面进行分析：

第一，发展因素。发展因素是指与个人发展密切相关的因素。发展因素的内涵十分丰富，包括符合兴趣爱好、工作富有挑战性、具有平等的晋升机会、具有较大的发展空间、个人才能可以得到发挥、工作的自由度高、提供培训机会、与所学专业对口、竞争具有公平性、有出国学习的机会等。

第二，声望因素。声望因素是指与职业地位、职业声望、职业社会评价密切相关的因素。声望因素包括单位的受欢迎程度、单位的规模和权力、单位的行政管理水平和社会地位等内容。

第三，保健因素。保健因素是指与个人福利待遇密切相关的因素。保健因素包括稳定的职业、良好的薪资待遇、较高的福利、齐全的保险、舒适的工作环境、便捷的交通和便利的生活等。

总之，选择和评估职业涉及多个因素，每个因素都扮演着不同的角色。从目前的情况来看，大学生在求职过程中越来越重视发展因素，而保健因素和声望因素的重要性因人而异。在分析和确定职业价值的过程中，大学生必须处理好不同职业价值要素之间的关系，并根据不同时期和不同情况确定自身的核心职业需求，从而合理地制订自己的职业生涯规划和相关策略。

二、大学生的科学择业观

大学生在如今的人才市场竞争下，不仅要结合自身专供的领域，还要及时了解市场的信息，在学透自身专业的同时，还要结合自身爱好与特长多发展其他方面的才能。因此，大学需要引导大学生树立科学的择业观，具体策略如下：

第一，增强就业指导课程覆盖广度，对大学生择业与就业可以起到很大的帮助作用。

第二，科学规划职业生涯。人才的竞争，究其根本，是能力与知识丰富度的竞争，通过科学的职业规划，在具体落实的过程中及时调整，保证自己能按预期的方向发展，永远不要觉得人生只有高考一个转折点，努力在什么时候都不晚，要让自己的能力配得上自己的梦想。大学生还要树立创造性就业的思想。职业受市场经济左右，他不仅具有竞争性，而且具有创造性。因为多层次的市场需求导致了顺应需求的各种行业的产生和发展，使就业机遇增多。只要大学生留意观察，具有创造性，择业就业的渠道就会很广。

第三，树立正确的择业观。大学生应结合自身综合素质，和市场的趋势来给自己找一个较好的定位。打破职业框框，对于活跃大学生就业市场，拓宽大学生就业渠道，解决大学生就业难的问题具有重大意义。大学生还要树立先就业再择业、流动就业的思想，打破一步到位、从一而终的就业观。现代社会为人们提供了独立发展的空间，市场经济配置劳动力资源的特征是人才流动。市场优化配置资源的方式是合理流动。社会不再要从一而终的职业。因此，大学生不必急于在短时间内找到一个“铁饭碗”，而要学会在流动中求生存求发展。随着人事代理制度的不断完善，为大学生的流动就业创造了条件。

第四，在校期间寻找锻炼自己的平台。如今，择业最大的考验之一就是大学生完全没有实习经验，在日后择业时，对期待职业根本没有实践认知，从而也无法考量这项工作适合自己与否，所以在校期间有很多时间可以留出来给自己用于实习经历的填充，只有在自己理想的工作中工作过才能知道这项工作适合与否，从而也消除了日后的择业迷茫。

第五，紧随社会大趋势的变化。社会发展进程逐渐加快，对大学生的择业也产生了间接的影响，而大学生只能随时追随最新的社会动向，观察一段时间内的社会发展趋势，然后结合自己的情况选择工作，这样才能在变化迅速的社会上有清楚的未来期望与目标。大学生要转变思想观念，把职业视作基本的谋生手段，只要职业合适，并能实现自己的价值，为社会发出一份光和热，行业、体制、区域都可以跨越。

第六，树立竞争就业思想。现代社会对人才的需求质量越来越高，特别是“竞争上岗”的推广和实行，人才的竞争更加激烈。因此，大学生要树立就业竞争、上岗靠本事的思想，打破“等、靠、要”的消极就业观念，不断学习新的知识与技能，不断提高自身素质，把自己培养成为适应社会需要的人才。

第四节　大学生职业认知与生涯发展

一、大学生职业认知的含义与构成

（一）大学生职业认知的含义

职业是一个人为了不断取得收入而连续从事的具有市场价值的特殊活动，这种活动决定着从业者的社会地位。职业是性质相近的工作总称，通常是指个人服务社会并作为主要生活来源的工作。在一个特定的组织中，工作就是职位。

从职业社会学的角度来看，职业认知是从业者对自己所从事职业的性质、功能、意义、价值、规范的理解，是构成职业意识和职业认同的基础。

从大学生职业生涯规划的角度来看，职业认知是指大学毕业生对自己的职业个性、职业偏好以及职业的性质、功能、意义、价值、规范等的认识。

刚毕业的大学生处于职业生涯的探索阶段，有必要在求职前对职业的本质、功能、价值、要求和社会声誉展开认知，了解具体的职业“是什么”“做什么”以及职业的“价值取向”和“所需技能”等。

（二）大学生职业认知的构成

职业认知不仅包括对职业的认识，还包括员工自身的认识。下面首先对员工认识进行解读。

1. 大学生对自我的认知

自我认知是职业规划的出发点。为了在生活和事业上取得成功，一个人必须对自我有清晰的认知，即了解自己的优势和劣势，进而根据成功的标准来提高自己的能力。

在对职业生涯进行规划的过程中，通过对自我的认识，个体可以从“我想干什么”转变到“我能干什么”，这一过程需要运用适当的途径和方法，以达到正确认识自身优点与不足的目的，从而实现对个人能力的管理与运用。因此，要认识自我，就必须运用科学合理的方法对自我进行剖析。

（1）自我的内涵。自我，又称“自我意识”或“自我概念”，每个人的自我都可以分为三个方面：外在自我、心理自我和社会自我。

第一，外在自我。外在自我是指大学生通过直接的方式了解自我因素，是自我中最凸显的部分，通常包括身体特质与身体外特质两种。其中，身体特质主要包括对自己的体重、身高、身材、容貌等体像和性别方面的认识。身体外特质也被称为“延伸自我”，是指“我的 × ×”，如我的名字、我的专业、我的学校等。需要注意的是，外在自我实际上属于个人基本信息。在求职过程中，因为不同的职业对这些信息有不同的要求，特别是那些特殊的职业，对这些信息的要求十分严格，所以这些基本的个人信息至关重要，即外在自我非常重要。

第二，心理自我。心理自我是用肉眼无法直接观察到的，它属于内在因素。心理自我主要包括三个部分的内容，分别是心理自我的动力系统、心理自我的效能系统以及心理自我的风格系统，下面分别对其展开叙述：

心理自我的动力系统。之所以要研究心理自我的动力系统，是因为该系统有助于大学生找到自己喜欢的职业。以兴趣为例，兴趣是个体力求认识某种事物或从事某项活动的心理倾向，兴趣代表一个人想要对某件事物进行探究，它显现出的是个人对具体事物和活动的心理倾向。人在认识事物的过程中会表现出一定的情绪反应，其中，兴趣就是一种较为积极的情绪反应。一般情况下，兴趣代表的是个体对某些事物或活动的直接需要及间接需要，个体在有兴趣的情况下会自然而然地倾向于接近让他感兴趣的事物或活动。很多哲学家也都指出兴趣对于学习和认知至关重要。在兴趣的指引下，人的探究活动、认知活动都会显现出更为积极的情绪色彩。有了兴趣，人会更愿意接受某种活动。兴趣具有三个特点：①高度卷入的积极情绪体验。兴趣是人与其所接触的事物融为一体的经验。尤其兴趣会使人们进入“高度卷入”的状态，这种对工作忘我的投入让人们觉得是最愉悦和最满足的。②在实践中产生、变化和发展。兴趣是基于对事物、活动的认识和体验，而不是出自凭空的想象。这种了解既可以是基于直接经验，也可以是来自间接经验。直接经验即自己亲身去感受、实践，间接经验来自观察学习或听人介绍。③兴趣的实现往往需要理性地付出。一旦兴趣与职业结合，形成职业兴趣，则需要个人站在生产者的角度看待职业，愿意付出努力，享受工作中的乐趣，同时接受过程中不那么有趣的部分。表层的兴趣源于偏好，这让人愿意去尝试、去行动，容易被满足，也容易消逝；而深层的兴趣源于世界观、人生观、价值观，让人们愿意为之牺牲，不计名利报酬、忘我地工作，这就是责任感和使命感，是它们让人坚持到最后。

心理自我的效能系统。心理自我的效能系统包括潜能、技能、自我效能等。之所以要研究心理自我的效能系统，是因为该系统可以帮助大学生意识到自己擅长的领域是什么，适合做什么样的工作。以能力为例，能力是完成一项目标或者任务所体现出来的综合素质，是直接影响活动效率，并使活动顺利完成的个性心理特征。大学生的能力如下：①专业知识技能。专业知识技能也被称为“内容性技能”，是指通过专业课的学习，或者是其他途径所得到的知识。专业知识技能是通过不断的积累形成的，并且专业知识技能是不能够迁移的。大学生可以通过社会实践、兼职实习等方式，获得各种知识、感想，并以此构成自己的专业知识技能，从而提高自身就业的成功率。②自我管理技能。自我管理技能也被称为“适应性技能”，是指对某个人所具有的特点进行描述或说明。自我管理技能涉及个体在不同的环境下如何管理自己：是勇于创新还是循规蹈矩，是认真工作还是敷衍了事，能否在压力下保持镇定，是否对工作有热情，是否自信等。③可迁移技能。可迁移技能分别是预算管理、督导他人、公共关系、应对最后期限的压力、磋商和仲裁、公共演讲、公共评论协作、组织 / 管理 / 调整能力、与他人面谈的技巧和能力以及教学和教导能力。在职场中发展较好的大学生应聘者大多具有自我管理技能和可迁移技能。可见，拥有自我管理技能和可迁移技能至关重要，而专业知识技能仅能使大学生应聘者顺利进入职场。

心理自我的风格系统。心理自我的风格系统包括气质、性格等。之所以要研究心理自我的风格系统，是因为该系统可以帮助大学生了解自己适合的职业领域。大学生在求职过程中，外在自我只是应聘的第一道门槛，最重要的是心理自我。很多工作岗位都对应聘者的心理自我有要求，如工程设计要求应聘者具有创造力和创新精神，财务管理要求应聘者内心细腻。以性格为例，性格也称“人格特质”，是一个人在生活中对人、对事、对自己、对外在环境所表现出来的一致性反应方式。性格是先天遗传和后天影响共同作用的结果，性格类型没有对错。而在工作或人际关系上，也没有更好或更坏的组合。每一种性格类型给每一个人都能带来独特的优点。哪一种性格类型最适合你，是由自己来做最后判断的。自己的性格分析结果是根据你在回答问题上的选择，来建议你最可能属于哪一种性格类型，但是，只有自己才知道自己真正的性格类型。性格没有好坏之分，最好不要强行或是刻意地去改变它，而是应该知道自己的性格并找到适合的工作；设法尽量发挥自己的性格特长。性格对一个人的影响很深。在现实生活中，好的性格是相对的，朋友之间如果意气相投，就很容易喜欢上对方的性格。性格的形成是一个长期的、复杂的过程，不仅受遗传因素的影响，也是对一个人生活环境和生活经历的综合反映。性格具有一定的稳定性，也就是说，在相近的情形下，人的态度和行为具有一致性。

第三，社会自我。社会自我是指对自己在群体中的地位、作用的认识和评价。具体而言，社会自我包括对各种角色关系、角色地位、角色技能和角色体验的认知和评价。大学生如果能够管理好自己的社会自我，那么对于其职业的选择具有至关重要的作用。但是，如果大学生不善于交流或沟通，并认为周围的人不喜欢自己、不接纳自己，没有知心朋友等，就会感到很孤独、很寂寞，进而不利于其就业。

总之，对外在自我、心理自我以及社会自我进行比较可以发现，外在自我与社会自我相对来说是客观的，并且是直接就能观察到的，而心理自我并不容易观察到。

（2）认识自我的特性。每个人都生活在社会大环境当中，个体与个体之间、个体与环境之间都有着不断发展变化的、千丝万缕的联系，这就要求个体的发展需随着环境变化不断地进行调整。

第一，社会依托性。自我认识是以社会为依托的。作为个体的人，自我认识的产生、发展和变化与社会环境的作用是分不开的。个体自我认识的过程，也是个体社会化的过程。每个人在社会活动中都需要根据实际情况调整和塑造自己，加深对自我的认知和了解。若脱离了社会环境这个舞台，个体就不需要有自我认识，甚至连自我意识都变得没有意义。所以，自我认识需要以社会大环境为前提，任何人都不能抛开社会因素单独谈自我。

第二，自我能动性。个体可以自主进行自我认识。人们往往能通过对自己言行或得失的分析与评价，在不知不觉中对自身进行认识和剖析，包括从局部到整体、由浅入深、从感性到理性的综合考量。同时，有选择、有目的地调节和控制自身的情感和行为，并对自身进行监督、管理与批评，从而达到完善和提升自我的目的。

第三，客观性。个体的自我认识是客观存在的。在认识自我的过程中，人们除了根据自己的认知体系对自身进行认识和判断外，还会收到其他个体的看法和社会的反馈并加以利用。首先，个体对自我认识的产生、发展、变化是通过与他人进行比较或自身前后对照形成的。虽然这一过程是从自身角度出发的，但却是以客观条件或事实为主导的；其次，他人的观点或看法同样是以客观依据为基础的。一般而言，以他人的眼光和角度来对自身加以认识，能得到更为真实的答案。不管怎样，认识自我是为自身的成长和发展服务的，越是客观真实的认识，就越能把握真实的自我，对个体的发展也越有利。

第四，形象性。形象性指个体对自身的认知是建立在具体化的形象之上的。个人在认识自我的过程中，除了公开的外在形象，还有个体对自我的认知形成的意识形象，以及根据他人的评价生成的评价形象，三者随着个体对自我认识的变化而相互影响和转换。比如，一个人在某些方面存在缺陷，个人的意识想象就会加剧自卑心理，从而影响外在形象的表现，他人的评价自然就会大打折扣。若他人对自己的评价持赞赏态度，个体就会产生自尊心理，从而更加有利于“真实我”的发展。

2. 大学生对职业的认识

（1）行业认识。行业是指按生产同类产品、具有相同工艺过程或提供同类劳动服务所划分的经济活动类别，每个行业内部还有不同的分类。不同的行业有不同的定义，所以我们需要仔细地搜集该行业的信息，加深自己对该行业的认识，形成自己对行业的定义。明确行业对社会和生活的作用，可以在一定程度上帮助我们判断该行业的发展前景，从而选择发展空间较大的行业。

行业认识就是通过分析和调研对自己想从事的行业进行全方位解读。每个行业都会有一定的特殊性与差异性，对人才的技能、层次、特征都会提出不同的要求。每一个即将进入职场的人，都必须对各自将要进入的行业有全面、系统的了解。了解行业的人才需求就是了解该行业的基本要求和准入门槛。了解行业需要具备的通用素质和职业资格证书后，在校期间可以尽可能多地考取职业资格证书来获得入行的敲门砖。另外，我们还要了解该行业的人才需求状况，即该行业的人才缺口有多少。目前我国急需的人才有高新技术人才、信息技术人才、机电一体化专业人才、农业科技人才、环境保护技术人才、生物工程研究与开发人才、国际经贸人才、律师人才、保险业精算师、物流专业管理人才等。

了解行业的知名企业和代表人物是进一步了解该行业的有效手段，每个行业都有知名企业和代表人物。我们可以通过名人传记或行业调研加深对该行业的了解，为自己进入该行业做好充分准备。

（2）专业认识。专业是指高等学校或中等职业学校根据社会专业分工的需要设立的学科类别。专业认识即在对本专业的调研中了解本专业毕业生所能从事的职业，并有效利用在校时间学好本专业。

专业是职业发展的基础，通过调研，大学生应知道自己所学专业对应的职业和职业群有哪些，所学专业对社会和生活的作用是什么，毕业生的就业状况如何，怎样才能学好本专业，等等。明确这些内容，有利于大学生掌握相关职业所需的技能，通过参加实训、实习、社会实践等方式有针对性地锻炼自己，将书本知识与实践行动有效结合，以提升自己的竞争力。

（3）企业认识。企业认识就是通过理论分析和实际调研来对自己喜欢的企业进行全方位解读。企业是从业者赖以生存和发展的土壤。企业的基本信息包括企业简介，企业的发展历史，企业在社会中的地位和声望，企业目前的产品、服务和活动范畴，企业的发展领域、发展前景、战略目标，企业的技术力量和设施，企业在本行业中的竞争力、发展状况等。

第一，明确企业的发展阶段。一般企业在不同的发展阶段，特点各不相同：①“开发期”企业，晋升机会较多，短时间内可能升到较高位置，但由于企业基础尚不稳固，势必要承受较大的经营风险。②“成长期”企业，处于这个阶段的企业在经历过生存努力之后，慢慢找到属于自己的生存方式、业务模式、盈利模式、财务管理模式等。这个阶段企业员工数量增长得很快，晋升机会也较多。③“成熟期”企业，处于这个阶段的企业业务稳定，各项管理制度比较完善，员工晋升的可能性较小，工作稳定，工作内容基本不会有太大改变。④“衰退期”企业，在这个阶段，企业内部冲突不断，企业逐渐走向衰落。求职时，应避免到处于此阶段的企业求职。

第二，了解企业主要领导人。企业领导人作为企业的掌舵人，其抱负及能力是企业发展的决定性因素。因此，求职者要了解企业主要领导人的管理是否先进开明，领导人是否有足够的能力带领员工开创新天地、是否有战略眼光、是否尊重员工等。

第三，分析自己是否认同企业文化。求职者需要分析自己是否认同这个企业的文化，企业文化是否与自己的价值观相符。优秀的企业文化会让员工感受到快乐和尊重，员工工作也更有创造性。因此在求职时，企业文化也是需要考虑的重要因素。

（4）岗位认知。岗位的设置依据在于多数任职者在特定劳动时间内所能完成的任务量，在企业内部，依据任务性质、职责范围、权力分配及所需资质的差异，岗位被进一步细分。在职业教育这一广阔平台上，作为即将踏入社会的核心力量，大学生对岗位要求的准确理解，既是个人职业生涯规划的基石，也是优化社会人才资源配置的关键要素。当大学生能够明确描绘未来岗位的轮廓时，他们将以更加积极主动的态度参与多样化的社团活动、各类竞赛及实习实践。这些活动不仅为大学生提供了理论知识向实践能力转化的宝贵契机，还促使他们在实践中不断自我锤炼，增强解决问题的能力，为未来职业生涯积累宝贵的经验。

基于此，大学生会根据岗位实际需求灵活调整学习路径，不再受限于既有专业框架，而是主动探索与未来职业紧密相关的选修课程，甚至调整专业方向，力求在学术研究与职业实践间寻求最佳融合点。这种目标导向的学习策略，无疑为他们的职业生涯奠定了坚实基础，确保在未来职场竞争中占据有利地位。

职业教育不仅是连接学术教育与职场实践的桥梁，更是推动大学生岗位认知形成的关键因素。相较于传统学术教育偏重理论知识的传授，职业教育更注重实用技能的培养与职业素养的塑造。通过一系列精心策划的职业教育课程，大学生能够掌握如软件编程、机械操作、会计实务等具体且实用的职业技能，这些技能成为其进入职场的敲门砖，显著提升了他们在就业市场的竞争力，并缩短了从校园到职场的过渡期。

更为关键的是，职业教育通过与企业界的紧密合作，为大学生提供了洞察行业动态、把握岗位需求的窗口。职业院校定期组织的企业访问、行业专家讲座等活动，使学生有机会近距离接触真实工作环境，了解不同行业的发展趋势及人才需求变化。这种直观体验有助于大学生更精确地定位自身职业兴趣与优势，为未来的职业选择提供科学依据，降低盲目性与试错成本。

此外，职业教育还着重提升大学生的就业与创业能力。通过系统的求职技巧培训、创业方法论教学以及个性化的职业规划指导，大学生不仅学会了如何撰写吸引人的简历、在面试中展现最佳风采，还掌握了创业初期的风险评估与策略规划，为无论是求职还是自主创业都打下了坚实基础。综上所述，职业教育以其独特的实践导向与前瞻性思维，为大学生的职业发展提供了全面支持，助力他们在未来的道路上稳健前行。

二、大学生的职业生涯发展

（一）大学生自我优势的职业转化

1. 兴趣的职业化

职业兴趣是指人们对某种职业活动的关注程度以及对乐于从事某职业活动具有比较稳定的、积极而持久的心理倾向。职业兴趣是人们职业生涯取得成功的重要推动力，浓厚的职业兴趣能够最大限度地挖掘人的潜能，使人长期专注于某一方向，付出艰苦的努力，并最终获得事业的成功。

职业兴趣的形成和发展要求个体具备一定的素质。在个体的职业生涯中，个人本身的性格、能力及其参与的活动、生存的环境都会对职业兴趣的形成产生重要影响。所以，在规划未来的职业发展时，需要考虑到个人家庭环境、生活环境等因素的影响。

（1）职业兴趣的影响因素。职业兴趣的影响因素来自家庭、社会、自身等方面。职业兴趣的形成与所处的历史条件、实践活动和自身能力有着密切关系，概括起来，影响一个人职业兴趣的因素主要有以下四个方面：

第一，家族传统方面。我国重视家族传统的文化因素对于求职择业影响较大，家庭环境的熏陶对个人职业兴趣的形成具有十分明显的导向作用。一个人最初的职业认识大部分来自家庭，来自父母的职业情况，因此一个人的职业兴趣不可避免地带有家庭教育与家族传统的印迹。个体的求职择业常常受到家族长辈对职业选择的影响，在确定职业时，需要经过家庭的统一协商才能确定。

第二，个体接受教育的程度。职业兴趣会受到个体受教育程度的直接影响，所有的社会职业都会对从业人员提出具体的要求。一般情况下，要求涉及知识和技能两个方面。求职者的知识掌握、技能掌握一般情况下需要依赖于教育，所以受教育程度会对求职者的职业兴趣、职业取向产生重要影响。如果求职者学历较高，那么通常情况下职业取向会覆盖到更大的领域。

第三，社会舆论导向。传统文化、社会习俗及国家政策会对就业产生直接影响，尤其是国家的政策导向，它会在很大程度上主导毕业生的就业。此外，传统观念也会对个人的职业选择有所限制。当下年轻人更愿意追随社会习俗、社会风尚选择职业。

第四，职业需求。社会职业对求职者提出的需求会在一定程度上引导求职者的职业兴趣发展。职业提出的就职要求可能会强化求职者的个人能力提升，也可能会抑制求职者一些不切实际的想法和取向。此外，如果求职者对某个职业感兴趣，那么职业要求也可能会改变求职者原本的职业取向。

（2）职业兴趣的培养途径。当下我国的就业形势非常严峻，但是，这并不代表个人要随意进行职业选择。个人不能仅仅将职业看成是某种谋生手段，还要考虑职业能否实现自我价值。个人在选择职业时，需要考虑自身兴趣，选择与兴趣相符的职业。大学生应该客观评价、分析自己的职业兴趣，与此同时，考虑社会环境是否有助于个人职业理想的实现。

人可以主动认识世界和改造世界，个人的职业选择也应该是一个动态的过程。人的兴趣可以培养，职业兴趣也是一样，虽然职业兴趣一旦形成就具有一定程度的稳定性，但个体可以通过主动培养自己的职业兴趣，改善求职择业状况。

培养职业兴趣主要有以下四种途径：

第一，广泛兴趣。广泛兴趣是指个人对很多职业、很多领域都有兴趣，如果个人的兴趣比较广泛，那么，通常情况下他会形成更开阔的眼界。在解决问题时，也会从多个角度进行分析。这样的人在进行职业选择时选择范围比较广。

第二，中心兴趣。虽然人应该培养广泛兴趣，但是广泛兴趣不等于兴趣泛滥，兴趣培养需要有重点，这样才能做到学有所成。因此，大学生需要培养自己对某一个职业的兴趣。

第三，兴趣应该是长久稳定的。兴趣的培养强调稳定长久，朝三暮四的兴趣并不是中心兴趣，不值得投入主要精力，不是值得深入钻研的发展方向。只有兴趣稳定才能在事业上取得更大的发展成就，个体应该分析自己的能力，判断是否能够长久稳定地坚持某一兴趣。

第四，参与实践活动。实践活动有很多类型，如小组学习、生产学习、社会调查等。各种各样的职业实践活动有助于培养个体的兴趣，有助于让个体形成更清晰的自我认知。

（3）兴趣与职业生涯发展。兴趣对个体的职业成就感、稳定性及工作满意程度有直接影响。从现实角度出发分析，可以把兴趣理解成职业和非职业两种。每一种兴趣都有对应的职业存在，但是，在某一个职业中并不能体现出个体的所有兴趣。所以，在选择工作时，个体应该让工作内容和个人兴趣之间保持一个相对协调的平衡状态。

第一，兴趣是职业幸福感的来源。如果从事的事情是自己的兴趣所在，那么工作和生活会很愉快。从事自己兴趣浓厚的工作，会使得工作效率更高，更容易获得满足感。由此可见，兴趣对职业发展的影响是职业走向真正成功的关键因素。因为对职业有兴趣，在工作过程中就容易投入，并享受这一过程，容易出成绩，即使遇到不如意或挫败也能快速调整心态而坚持下去。

第二，兴趣影响职业生涯的发展。稳定的积极的兴趣可以让人在具体活动中表现出较高水平的主动性和自觉性，如果个人按照自己的稳定性去选择职业，那么在从业过程中兴趣将会推动个人的职业成长，让个人取得更大的发展成就。

人在进行职业选择时，会受到发展需要的影响。个人的发展需要是非常重要的影响因素，该因素不容易被察觉。人在产生需要之后就会形成动机，在动机比较强烈的时候就会形成兴趣。从这个角度来看，兴趣对于职业选择是外在因素，个人的需要才是内在因素。

兴趣是内在自我认识中的一个方面，可以为职业生涯选择提供有效的信息。但兴趣并不代表能力，对某一职业充满兴趣并不代表能做好这个职业。同样，如果具有对某项工作的能力但缺乏兴趣，又不重视培养，那取得职业生涯成功的可能性也比较小。

2. 能力的职业化

职业是胜任力的先决条件，大学毕业生的工作胜任力一直是用人单位最为关注的能力。胜任力针对的是一个人的职业工作绩效，强调个体的潜在特征，并可用一些被人们广泛接受的标准对它们进行测量，而且可以通过培训与发展加以改善和提高。基于此，下面对个体的胜任力与其工作具有的关系进行分析。

（1）职业能力。一个人的能力可以从各个角度去描述，如观察力、注意力、记忆力和理解力等。心理学家们在关于能力的研究中，根据个人能力特点与职业成就之间的规律，将与职业成就和职业满意度相关的能力分为以下三种。

第一，知识性能力。在学校学习的具体科目，如计算机编程、质量检测等，就是为了培养学生的知识性能力。它的特点是不容易迁移到其他工作中去，一般需要经过有意识的、专业的培训，并通过学习和记忆掌握一些特殊的词汇、程序和学科。如拥有计算机编程能力的人，却无法做一名服装设计师。

第二，适应性能力。适应性能力是人们进行自我管理的能力，也被称为“情商”，是指个人的特质。适应性能力包括自我觉察、情绪管理、自我激励、认知他人情绪和理解他人情绪 5 种。这一能力能帮助人们更好地适应周围环境，以及在环境中更好地调整自己。适应性能力可以从日常生活领域迁移到工作领域。

（2）自我能力的提升策略。

第一，要为自己的生活和工作设立目标：目标是给自己树立标杆，使自己有个奋斗的方向。有个明确的目标能够让人们清楚地认识自身与目标之间的差距，从而去努力提升自己的能力以缩小差距。

第二，积极组织参与各种校内外活动：在活动中可以提高自己的组织管理能力和人际交往能力等。

第三，积极竞选班级或学生会的干部：班级或学生会的日常工作能让自己的工作能力、组织协调能力等得到充分培养。

总之，能力的提升方式是多种多样且不固定的。只有当人发现自己在某种能力上有所欠缺的时候，才能有针对性地去提升这种能力。所以，在日常生活当中，大学生应该不断地对自己进行反思和总结，及时发现自己能力的不足，完善自我。只有这样，大学生才能在日后的就业过程中提高自己的就业竞争力，使自己在众多的求职者中脱颖而出。

（二）大学生的自我教育

1. 自我教育的特点

自我教育是伴随现代社会生活方式而产生的教育方式，与传统教育方式相比具有自身的特点，也正是这些特点使它成为一种具有独特优势的教育方式。自我教育的特点主要包括以下五个方面：

（1）自主自为性。自主自为性是自我教育的最基本特征之一。自主自为性是指自我教育过程中，自我教育从发起到实施以及完成和实现，自我教育者都在其中发挥着主体作用，所有教育行为均由自我教育者本人独立完成或者主要依靠自己完成。

自我教育的自主自为性特征是因为自我教育是一个在自我教育者本人自觉意识指导下的自组织过程。这种自组织过程是主体思想发展自主性、能动性的高度体现。自主自为性是在个体主体性基础上形成的。

自我教育的自主自为性以个体自我意识的成熟为基础，成熟的自我意识使得个体不仅能够审视外部世界，还能够省视自身。自我意识使自己与外界区分开来，清晰地认识到自己，关注自己，自我成为个体思考的立足点和落脚点；意识到自己是可感知世界唯一的可支配者，只有通过自己的实践才能变革世界、变革自己。自我意识的成熟标志着个体主体性的觉醒，个体对教育活动有了自己的认识和感受，产生了自己的想法，随之而来的就是个体对于世界和自身的变革。在自我教育过程中，个体始终是以独立自主的状态来参与的，自我教育个体对教育内容有自己的看法和安排，对教育行为有自己的选择和计划，对于结果的评定也是基于自己的角度。自我教育过程中，原先被视为被动接受对象的个体开始自己主动操控教育过程，自己全程实施整个教育活动，教育计划的设定、实施、评价和调节，无不是个体自己承担的。于是，自我教育个体成为教育活动的设计者、实施者和感受者，担当起教育者与被教育者的双重角色。在这两种角色的自由转换中，个体的思想实现了嬗变。

（2）相对封闭性。相对封闭性是指自我教育系统中，自我教育的教育者和被教育者统一于同一个体自身，在个体范围内可以构成教育矛盾关系，开展教育活动，无需外在力量的过多涉入。这种封闭性是相对的，自我教育个体可以在自我范围内开展教育，但仍需要外在教育者的引导、干预以及外部环境的支撑，完全独立于环境的自我教育会陷入主观专断的误区而迷失方向和影响进程。

自我教育之所以具有相对封闭性，从根本上说是由于人类意识的特性决定的。人的意识不仅能够反映外界，还能将视角转向自身反观自省，站在主体位置审视作为客观存在的世界和自身。人类意识高于动物意识的地方在于，除了对外界刺激积极反映的功能外，人类意识还发展出一种独特的能力——建构能力。这种建构能力建立于人的意识对于第二信号系统熟练运用的基础之上。人类完善的第二信号系统能够将外在信息刺激转化为抽象的信号，借助思维运作对其进行加工整理，可以认识对象的表象和属性，尤其是对于不能或者不易用第一信号系统感知的对象更是有利。人类意识借助第二信号系统和思维规则反映自身的情况，并在主观世界中构建出一个与现实对象同构异质的映像。于是个体的主观领域内便同时出现了一个作为认识改造主体的自我和一个作为认识改造对象的自我，一对矛盾便形成了，自我教育模式在个体主观领域内构建并开始运作了，不需要外在教育力量的参与。然而自我教育活动并不是一个完全封闭的系统，而是与外界相联系着的。因为，进行自我教育的个体本来就是在特定社会环境中进行活动的，需要外在环境的信息和物质交流作为支撑。同时，由于个体自身的局限性，在一些环节上还不能独立完成或者独立操作，这会造成理想信念教育的偏差和误区，必须要外在教育者发挥主导作用干预、指导，推动自我教育朝着良性方向发展。

自我教育系统的相对封闭性对自我教育的开展具有重要影响。一方面，封闭的系统使得自我教育个体可以脱离外在教育者的直接参与，自主独立实施理想信念教育，减少了外在教育者的工作量，更重要的是给予个体更大自由发挥的余地，为主体性彰显提供了空间；另一方面，封闭的相对性要求自我教育个体必须始终关注环境的反馈信息和外在教育者的指导，不能主观臆断地实施教育活动；作为自我教育监控者的外在教育者也必须紧密关注个体的自我教育活动，及时、准确地引导。

（3）直接性。教育模式一般都是中介性的，而自我教育是直接性的。外来的思想政治教育往往停留于共性化，然而自我思想政治教育个性化较强，因此更加直接。个体是教育的主体，能够用社会标准来要求自己，同时结合自身需要，有计划、有目的地对自己提出要求，确定不同阶段要达到的目标，这样的思想政治教育针对性更强。中介性或间接性说明教育是手段，而非目的。直接性是指：一方面，教育主体无需借助其他力量就可直接认识教育客体；另一方面，教育方式上直接以自身体验为切入点，排除了中介性、中间性，跳出所谓“价值中立”的科学思维方式，进入价值领域中，具体表现为政治立场巩固和思想道德境界的提升。

自我教育过程中，作为改造对象的主观意识成为直接认识、作用对象，不再依赖于物质形式的载体。传统教育模式中，面对众多教育对象，教育者需要借助其他力量和途径才能把握其大概情况，不能确保准确把握教育对象的全部情况，而且教育的规划也是多依靠单方面制定的。由于实践经历不同，教育对象不一定能对教育活动产生共鸣，对教育内容的接受与理解程度就会打折扣。

自我教育是在个体切身感受的基础上自己设定和实施的，实施的教育有明显的针对性，实施过程中的情况也能及时反映到教育活动的操控者那里，并及时做出修正。既作为教育对象又作为教育主体的个体，由于参与了自我教育，积极关注整个活动，对于教育活动产生了强烈的期待和信任感，接受过程中的心理阻碍会减少，接受效果会更明显。这是传统教育模式所不能达到的，因为传统教育模式中，教育者与被教育者分别为两个具有主体性的个体，而且二者活动范围也不同，相互把对方视为一个外在存在。这种形式的理想信念教育活动的设定、规划、实施及评定都是由另一个独立个体执行的，与教育对象的实际情况会有很多偏差，针对性不强；而作为教育对象的个体也会把施加于自身的教育力量视为对自己的异化，产生抵制心理，这就会导致理想信念教育活动的低效。自主自为的自我教育则能够打破教育者和教育对象之间的障碍，加深双方的信任，增强理想信念教育的针对性和实效性。

自我教育者的直接性是建立在自我体验的价值真实性之上的。自我教育个体自主自为地进行理想信念教育活动，自己的实践经历与体验成为调动情感的最直接依托，自己的切身经验提供了最好的教育材料。自我教育的直接性对于自我教育的意义就在于增强了针对性，调动了情感，提高了教育效果。事实证明，自我教育个体越能真实认识自我，越能提高情感认同，就越能增强教育的针对性和实效性。

任何个体关注自我发展都是多于关注他人发展，作为一般的教育者也是如此。常规教育中教育者对教育对象的关注相对较少，而且是以关注自我为跳板来关注教育对象的。自我教育中的教育者的关注是对于主体和对于客体关注的高度统一，这从主观动机上就使得自我教育比其他教育更有优势。

（4）终端性。终端性是指自我教育在整个教育活动中可以视为教育环节的终端，是对外在教育的承接和深化，是外在教育产生作用的最终决定环节。自我教育机制的终端性是从理想信念教育的过程和结果上来讲的，自我教育处于理想信念教育过程的末端，理想信念教育的最终结果是开启受教育者进行自我教育。

自我教育的激发与进行是外在教育进入个体注意范围的关键环节。没有个体的主动关注，外在教育内容就无法进入其感知范围，也无法达到感知阈值，最终只会如过眼云烟般转瞬即逝，自然无法深入人心、留下深刻印象。自我教育意识的产生是自我教育开展的前提，也是外在教育内容能够进入个体内心世界的基础，在这个意义上我们可以将自我教育视为把外在教育引入个体内心世界的导引者和守门人。没有自我教育的有效开展，理想信念教育的内化—外化进程就进行不下去，理想信念教育目的就不能顺利实现。

自我教育的终端性是外在教育生效的标志，对于理想信念教育具有重要意义。没有个体的自我教育，理想信念教育内容往往就被挡在教育对象的主观世界之外，不能真正入脑入心。只有激发和促进自我教育，打开通向教育对象内心世界的门扉，让教育对象在自己开垦的土壤里自主播种、耕耘、收获，才能增强理想信念教育的实效性。

（5）全时空性。全时空性是指自我教育对教育环境的全面适应性，它可以在此时进行，也可以在彼时进行；可以在此地进行，也可以在彼地进行；可以在这种环境下进行，也可以在那种环境下进行。自我教育对环境的要求不高，一旦被激发，自我教育就会按照过程循序渐进地展开，环境只是自我教育的潜在支撑因素。自我教育者可以随时随地地对自己进行教育，因为自我教育中教育者与教育对象是物质统一、精神统一的，教育者与教育对象存在于同一时空，不仅可以全程掌握对象的情况，而且也可以随时干预对象的思想与行为。

全时空性使得自我教育比其他教育要有优势，具体表现在以下方面：

第一，传统教育模式中，教育者与受教育者毕竟是两个人或人和组织，在时空上是可以分离的，在实施教育的时候才相互联系发生影响，二者是作为两个不相关的独立个体存在的。教育者不能全程观察教育对象，即使可以观察到其行为，由于思想与行为并不一定是同一的，也不一定能真正了解对象的真实思想。

第二，传统教育模式中，教育活动的进行对环境依赖很大。环境设置既要符合教育主题，又要考虑教育者和教育对象的情况。教育环境的布置成为教育活动的重要部分，也成为影响教育效果的重要因素。自我教育则不同，教育者与教育对象统一于一身，随时掌握对象情况，可以以第一身份与对象交流，对象不会从态度上产生抵制和叛逆。这对于化解理想信念教育中存在的问题具有重要意义。传统教育中教育者与教育对象时空上的分离，导致情感上的疏离，对教育环境的要求使得教育者只能择机开展教育，而且教育环境的布设也增加了教育成本。自我教育的成功实施则可以将这些问题解决，随时开展教育。

第三，传统教育模式由于教育者与教育对象分离，以及教育活动的计划性，教育活动往往被分为一些独立的阶段，对儿童、少年、青年和成人等对象的教育各不相同，各个阶段的教育安排有异，教育对象一旦离开了原设教育环境就不再是教育对象，教育过程中断也造成了教育效果的断层。自我教育能够打破教育的阶段性限制，根据对象自身情况开展针对性教育，弥补外在教育者的缺位，具有持久和稳定的激励效果。

理想信念教育激励不同于一般的是，它是根据人们的需要，特别是精神需要，启发人的思想觉悟，改变人的价值观念，引导人们树立崇高的理想目标和追求，以激励人们的精神动力。

2. 自我教育的环境

（1）自我教育环境的个体分化特性。在自我教育的过程中，个体分化为“主我”与“客我”两个层面，两者相互作用，共同构成了一个既独立又与环境紧密相连的系统。该系统并非孤立存在，而是嵌入于广泛的外界环境之中。在此框架下，我将除自我个体以外的所有外部因素均视为自我教育机制系统的环境因素，这些环境因素为自我教育的运行与发展提供了必要的支撑与条件。从系统论的角度出发，自我教育环境通过整合其内部各组成要素，形成一股合力，以独特的方式影响着个体认知结构的构建与发展。

环境对自我教育的作用是非常重要的，情感教育和情感培育就必须在自我教育环境中进行，须臾不能离开，自我与理想信念教育环境自成一体，人触境才能生情，自我教育必须在环境中进行才能取得切实的效果。自我教育者的主体性只有在具体的环境中良好发挥才使得自我教育从可能变成现实。自我教育个体经常在这些环境中活动，直接接受来自这些环境传递的信息、物质和能量，这些环境发出的刺激更受个体的关注，更容易影响个体的思想与行为，决定着自我教育的具体走向。一方面这些交流联系是直接的，传递的内容是明确的；另一方面这些环境的交流在自我教育系统，即自我教育个体所接收的信息中所占比重较大。因而，其传递的信息对自我教育系统影响最明显，是影响自我教育进程的主要因素。自我教育机制运行的正常与否会改善或破坏环境，环境本身的变化也会改变自我教育的运行。

（2）自我教育环境的划分依据。

第一，依据环境中构成因素是否具有能动性。按照环境中构成因素是否具有能动性，可以把环境分为“属人”环境和“属物”环境。

“属人”环境是指自我教育系统之外所有的社会个体构成的集合，包括自我教育者的血缘关系成员（如家庭成员），具有共同社会生活的群体成员（如同龄群体）和共同处于理想信念教育矛盾体系中的理想信念教育组织者和理想信念教育知识。这些因素作为自我教育系统的环境存在，同时还作为具有主体性的社会成员而存在，与自我教育系统积极地交流信息、能量和物质，影响自我教育的进展。人的环境与自我教育系统在交流方向上呈现出双向互动性特征，相对其他环境因素来讲，它们对自我教育的影响更直接、迅速。在自我教育“属人”环境中，思想教育组织者具有重要地位。自我教育的个体自己不可能最先拥有先进的素质，必须要外在教育者对其进行初始的灌输、引导。思想教育是主导性非常强、方向性非常强的教育活动，必须要外在教育者进行监控、引导和指导，如果没有外在教育者作用的发挥，自我教育就会陷入“不教育”的放任自流误区。作为思想教育基本途径的自我教育也离不开外在教育者的主导作用，否则就会成为“无指导的教育”，陷入放任自流的境地。所以，把理想信念教育组织者作为一个特殊因素单独关注是有必要的。

“属物”环境是指自我教育系统之外的所有非人因素构成的集合，包括自然化的物的环境（如山川河流、动植物）和社会化的物的环境（如建筑、机器、音像资料）。“属物”环境主要是对自我教育的物质保障，包括对自我教育个体生命维持的保障和对自我教育活动所需物资的保障。这些因素形态比较固定，在自我教育进行过程中以一种静态、被动的方式为自我教育系统提供物质、信息和能量，在联系交流的方向上，呈现出单向性特征。虽然物的因素在自我教育过程中是被动的，但是其作用是基础性的，它不仅为自我教育系统提供物质基础，还是人的环境存在的物质基础。没有物的环境做基础，就没有“属人”环境的存在，自我教育系统就没有得以演进的可能性。物质环境为自我教育个体提供了存在和活动的基础，社会环境奠定了自我教育发展的基本方向。

第二，依据环境的时空范围。按照环境的时空范围，可以把自我教育的环境分为小环境和宏观大环境。

小环境是指自我教育个体经常活动的具体环境（如家庭环境、校园环境、单位环境等）。自我教育个体与周边小环境的交流互动性更强，对于来自小环境的信息刺激反应更加积极、受其影响也更大。

宏观大环境是指周边小环境以外其他环境的集合（如社会物质生产环境、社会风俗习惯、国际关系等）。社会大环境虽然与自我教育个体的互动性不强，多是单向的信息传递，但是社会大环境作为最基础的环境对自我教育个体的行为具有根本性制约作用。

"时势造英雄"是指社会大环境对人的影响甚至决定作用。社会环境在自我教育过程中主要是担当直接反馈者和最终评判者的角色。个体的行为实施后，社会环境会对其作出多方面的反应，这些反应又对个体的思想和行为产生影响，进而影响自我教育活动。同时社会环境还是个体行为的评判者，主要是从个体与周围人关系、对社会作用价值角度作出评判，这些评判会促进或抑制个体的相关思想与行为，也会对自我教育方向与进程产生影响。作为更基础的宏观大环境与个体的直接交流并不多，以单向交流为主，个体被动接受其发出的信息刺激。宏观大环境以一种潜移默化的方式产生基础性影响，通过周边小环境发挥出影响力。这种环境不会对自我教育具体过程产生直接影响，但却对自我教育的一些前提性条件作出限制，如社会大环境以其传统文化的力量，塑造了一个理想自我的形象，规定了自我教育的方向和基调。

（三）大学生职业生涯规划

1. 职业生涯规划的特点

职业的出现是随着社会的不断进步，以及经济的持续发展而产生社会分工的结果。自其出现以来，职业的含义也在不断丰富。一直以来，不少学者都在坚持研究职业的学术理论，在众多理论研究中，不同流派的专家学者因其研究目的不同，因此对职业的理论有着自身不同的理解。因此，职业的概念是不固定的，它总在变化，没有统一的概念能够解释职业。目前，中国职业规划师协会的定义被大多数人接受，即职业是某个行业需要的职能，这是对职业的描述，职业有以下特点：

（1）经济特点。从出现的角度看，职业的产生源自生产分工，在经济发展到一定阶段就一定会出现这样的结果，是历史发展的必然。从个体生存的角度来看，人们依靠工作来获得经济收入，每份工作背后都代表了一份职业，是个体能够在社会中生存的重要途径。从社会建设的角度看，职业是社会经济运行的重要支柱，能够为社会创造劳动财富，为社会的发展提供了必不可少的物质基础。从经济发展的角度来看，经济发展可以促进社会分工的改善，从而创造新的就业岗位。

（2）社会特点。职业的产生和社会发展息息相关，是必然产物。就业岗位的出现反映了社会分工的改善。新工作岗位的出现，意味着社会分工得到了有效改善。社会成员在社会上从事着不同的职业，社会才能持续发展。

（3）技术特点。一个职业的出现，意味着一个特定工作的发展必须由特定才能的人进行，这个人必须具备完成该工作任务的能力，满足高水平的专业工作要求。每个职业都有一定职责，要求从业者的知识完备，技能熟练，这主要体现在对于从业者的学历、专业资格、专业技能水平等都有特定的要求。只有工作人员符合各项工作要求，才可以从事这个职业的相关工作。

（4）群体特点。一个职业的出现，必然是很多人从事一个特定的职业，才能有一个特定的职业，一个人也可以从事多个职业。当一种工作的人数达到了一定规模，且被社会认可时，那么这份工作就可以称为一个职业，所以职业具有鲜明的群体特征。

（5）发展性特点。职业一直处于动态变化，它的发展深受社会经济、技术和文化等多方面因素的影响。社会经济、科技水平和文化发展程度都会导致社会职业的变化，有的职业在社会发展中消失了，但同时也会有新的职业出现。因此，职业有自身的发展性，职业发展离不开社会环境的发展。

2. 大学生职业生涯规划的原则

（1）SMART 原则。每个人的条件不同，职业目标也不可能完全相同，但确定目标的原则是相同的，必须遵循 SMART 原则。

第一，S（Sequential）——连续性。职业目标的设立必须连续、系统。同一时期的目标不宜过多，应该集中为一个，即一个时期一个目标，实现一个目标后，再实现另一个目标。

第二，M（Measurable）——明确性。职业目标必须明确、细致，例如，要参加哪些活动，做哪些事情，大致的时间安排，且应该有明确的指标，作为衡量是否完成规划的依据。例如，时间：用一年完成还是三年完成；程度：通过外语四级还是六级等。量化的标准便于评估目标的完成，也便于有针对性地制定相应措施。

第三，A（Attainable）——可行性。职业目标就好比产品，只有产品具有市场，才会大量生产。所以，在确定职业目标时，应该充分地考虑内外环境的需求，并重点关注社会和组织的需求，从自身的实际情况出发来实现职业目标等。若是不能实现目标，那么也就不必要进行目标规划了。

第四，R（Relevant）——关联性。要根据个人的性格、特长、优势和兴趣等优势性进行职业规划。只有以优势为基础来建立目标，才能在实现目标的过程中保持高度的积极性和自主性。自身是个人发展的内在动力所在，而外界因素对职业生涯规划的影响是次要的。所以，要从个人的实际情况来制订个人计划，不能脱离实际，也不能天马行空。

第五，T（Time-bound）——时限性。时间限制性也是职业目标的重要特征，有利于促进具体目标的按时完成。若是缺少时间限制这一因素，将不利于职业规划的如期完成，无法达到职业目标。因此要合理地规划职业目标的时间长短。长期目标有利于让人们对发展方向予以明确，不断地奋斗，避免半途而废；而长期目标是建立在短期目标的基础上，尤其是规划职业生涯时，设立短期目标并不断地实现，有利于获得成就感和奋斗快感，从而向着更远大的目标前进。

（2）不同环节应遵循的原则。

第一，自我评估环节坚持主观与客观相结合。个人职业生涯规划要先做好自我评估工作，自我评估是分析和评价所有与个人息息相关的因素如能力、性格、情商、潜能和个性的过程。大学生对自身进行全面的评价和分析是必不可少的步骤，如此才能更好地、更有效地认识自己。个人应该经常性地评估自己，不过这种评价一般不具备系统性和必然性，所以其科学性也不强。想要确保自我评价的系统性和全面性，就需要合理运用专业的职业生涯测评系统。

职业生涯测评系统需要结合各个学科如组织行为学、人事测量学、统计学、管理学和心理学等知识，并能够全面系统地了解和掌握被测试者的职业性格、职业能力、职业价值和职业兴趣等，从而深入地了解自己的性格、能力、特长、兴趣和个性等，并且对自己的潜能和不足都有充分认识，如此才能算是完善合理的职业生涯测评系统。

个人自我评价的显著特征就是主观性，哪怕采用职业生涯测评系统进行评价，也不能改变这一特征。所以，在职业生涯规划时，需要结合自我评价和他人评价。经由朋友、亲人等进行评估，有利于个人更加客观、真实地认识到自己的特长和不足等。所以，大学生进行职业规划时需要多听取其他朋友和家人的意见，从而更加全面客观地认识自己。

第二，分析环境环节坚持整体与局部相结合。个人发展的前提条件就是外部环境。在追求个人发展时要充分结合现实情况，准确地判断形势，并综合各种机会的优势，从而实现人生价值和职业规划。外部环境的影响是制定职业生涯规划不可缺少的因素，只有评估和衡量各种外部环境因素，才能让职业规划更加科学化、系统化。所以，对外部环境的特征、变化情况和发展趋势予以客观把握，才能更好地发现自身的优势和不足，从而及时调整目标，加强职业规划的可行性，并使自身的职业发展符合社会发展需求。

大学生制订职业生涯规划过程中，不但要结合个人的条件，而且要考虑社会需要。分析社会整体经济发展状况，了解新兴产业和新经济特征等的影响，把握社会人才结构变化，才能更好地实现职业生涯规划的科学性和可行性，并促进自身的长远发展。职业生涯规划也会受到社会政治、经济、文化的影响，上述影响因素又会相互联系，相互作用。一个产业的兴起或者消亡可能只是一个政策的影响，所以职业生涯规划分析中也不能忽视社会政治、经济和文化的作用。

职业生涯规划中要充分考虑社会一般宏观分析的影响，不过不能全部依赖于社会一般宏观分析。首先，要把握未来预期就业的工作环境、任职条件、工作内容和需要具备的经验、能力和知识等，并根据自己的职业兴趣进行选择。大学生要尽可能多地利用各种渠道来获得更多就职信息，而且还要重视职业实践的参与，从而加强对职业的认识和了解。其次，还要综合当地的区域环境和经济情况来考虑。大学生的职业选择不但受职业类型和自我属性的影响，还会受到社会生态环境差异的作用，也就是说大学生职业选择会受到组织和地区差异的影响。

第三，目标确定环节坚持理想与现实相结合。职业生涯目标是对可能实现的、并能预期的目标进行的规划，可以分为四种类型：人生目标、长期目标、中期目标、短期目标。职业生涯规划中最为重要的部分就是职业生涯目标，其对个人的职业发展有着方向指引作用，而且能够引导人们制定方案、实现目标和应用措施等。在确定个人的职业方向时要充分评估自我、分析外部环境等，从而明确职业生涯发展目标。理想对个人的目标实现和前进方向都具有积极推动作用，是人们为之奋斗的内在动力。因此，在职业生涯规划中先要确定职业理想，这也是非常关键的。很多成功经验证明，只有合理、科学的设计和规划，才能成就自己的事业，体现自己的人生价值。受有限时间和环境的影响，大学生有必要先明确自己的职业理想，然后集中主要精力为理想而奋斗，才能获得更大的事业成就。

在确定自己的职业目标时一定要根据实际情况，不能天马行空地乱想一通。学生对行业和具体职位的认识还比较有限，对真实的职业环境也没有切身体验，所以职业目标往往会过于理想，跟实际相差甚远，难以实现。大学生对待遇好、环境优的工作比较青睐也是情有可原，不过需要根据实际来调整工资薪酬、单位属性、就业地域和职业目标等期望，才能顺利地完成就业。

第四，实施计划环节坚持学习与实践相结合。行动是明确职业生涯目标后最重要的步骤。简单地说，就是为了达到目标而采取的具体措施和行为等，可以分为工作上、训练上以及学习上等方面。行动计划分为两类：一是长期计划，会受到各种因素的影响和制约；二是短期计划，是为了应对长期计划中遇到的各种不确定因素而形成的措施和行动。

在校大学生的主要目标就是完成知识的学习和积累。只有做好这一准备工作，才能更好地制定职业规划目标，帮助其更好地获得就业机会。所以，职业生涯规划的实施既离不开职业工作能力的不断提升，也不能缺少专业技能和专业知识体系的构建。适量的职业训练对于大学生的能力提升来说非常关键，有利于其综合素质的提高，以便毕业后更好地适应社会发展，找准自己的定位，使得社交能力、实际操作能力、组织管理能力、自我发展能力、心理调适能力等都更加符合社会发展需要。

第五，反馈修正环节坚持稳定与变化相结合。社会是瞬息万变的，反馈调整能够让大学生更好地重新认识和重新定位社会、职业和自我，而且是根据社会发展变化而随之产生的调整过程。

职业生涯规划对人的一生都会产生重要意义。在职业生涯规划过程中，首先需要进行自我评估和分析，全面考察环境，之后确定目标，付诸行动，这些过程都是深思熟虑后进行的。

3. 大学生职业生涯规划的方法

由于职业生涯伴随着人的大半生，职业生涯的规划直接影响着个人的前途和命运，因此，职业生涯规划一定要科学正确，这就需要掌握一定的技巧和方法。

（1）PPDF 法。个人能力发展文件（Personal Performance Development File，PPDF），PPDF 是对员工工作经历的一种连续记录，它使员工及主管领导对该员工所取得的成就有个系统了解。PPDF 法既指出员工现时的目标，也指出员工将来的目标及可能达到的目标。它标示出，如果要达到这些目标，在某一阶段应具有怎样的能力、技术及其他条件。同时，它还帮助人们在实施行动时进行认真思考，看自身是否非常明确这些目标，以及应具备的能力和条件。

（2）五步法。作为一种系统性、条理清晰的规划策略，“五步法”为广大学子提供了明确的指引。这一方法不仅能够帮助大学生深入了解自我，还能使他们更好地适应市场变化，最终实现职业目标。

第一步：自我认知（你是谁？）。自我认知是职业生涯规划的基石。大学生需要通过心理测试、自我反思、他人评价等多种方式，全面剖析自己的性格、兴趣、价值观、能力及优劣势。这一步骤有助于大学生明确自己的定位，为后续的职业规划奠定坚实的基础。

第二步：明确职业理想（想干什么？）。在自我认知的基础上，大学生应积极探索自己的职业兴趣，并设定清晰、具体的职业目标。这些目标应分为短期、中期和长期，以便在不同的时间节点上对自己的进展进行评估和调整。

第三步：能力评估（能干什么？）。能力评估是判断个人能力与职业要求匹配度的关键环节。大学生需要对自己的教育背景、实习经历、技能证书等进行全面梳理，明确自己已具备的能力及潜在的能力缺口，再针对这些缺口，制定相应的学习计划，不断提升自己的职业素养。

第四步：市场环境分析（允许干什么？）。市场环境分析是职业生涯规划中不可或缺的一环。大学生需要深入了解目标行业的发展现状、未来趋势及人才需求情况，评估自己的条件与市场需求的匹配度。这一步骤有助于大学生选择适合自己的职业路径，避免盲目跟风或走弯路。

第五步：设定长远目标（最终的职业发展目标到底是什么？）。在完成了前四个步骤后，大学生应结合自己的兴趣、能力和市场需求，设定一个长远且可行的职业目标。这个目标将成为整个职业生涯规划的导向，激励大学生不断前行，最终实现自己的职业梦想。

4. 大学生职业生涯规划的步骤

职业生涯规划究其本质是在知己知彼的基础上确定个人的职业生涯发展方向、目标及路径，并采取有效行动达成目标的过程。大学生职业生涯规划的基本步骤包括自我评估、外部环境分析、目标确定、策略实施和反馈修正。

（1）自我评估。自我评估对于大学生而言，主要是了解兴趣、学识、技能、情商等与大学生本人相关的所有因素。自我评估的结果可以通过自我剖析、职业测试及角色建议等方法获得。

个体差异是必然的，每个人的个性特征、能力模式都具有独特性，而且职业和某种能力的个人模式形成之间具有一定关联。任何一个职业的环境、条件、方式以及性质也各有差异，所以会要求工作者具备不同的性格、气质、知识和能力等。每个人都应该从不同的个性特征来选择职业种类，并形成自己的职业决策，从而使得个人和职业之间更加匹配。只有保持个人特征和职业环境的高度统一，才算得上是匹配得当，从而较大程度地促进职业成功率。若非如此，则可能造成职业无法取得大的成就。所以，从组织和个人的角度来看，个人和职业的匹配是职业决策必不可少的环节。但在这之前，要充分认识和了解自己的个体特征。

认知自我是漫长、艰险的过程，虽然客观、理智地认识和解析自己是艰难的，但是只要静下心来，也能为职业生涯规划做好最理性的自我评价。因此大学生应该先了解人才测评量表的测试指导后再进行自我评价，而且需要在安静的环境和缓和的心情下进行这一项工作，使得评价更加贴合自己的真实情况，确保结果的准确性。

此外，还可以利用分析关键事件、访谈以及 360° 评估等非标准的评估方法来进行自我评估，有效地提升对自我的认识，促进大学生了解和把握自己的价值取向、行为风格、个性特征以及职业兴趣。

（2）分析环境。经济的不断发展，科学技术的进步，导致市场竞争日益加剧，对工作者也提出新要求，从而影响着个人的人生发展和价值体现。所以，在个人职业生涯规划过程中，需要大学生充分地把握环境条件、环境发展变化等因素，并找出环境因素对自己的有利和不利影响。可以从以下方面来分析职业环境：

第一，组织环境分析。全面有效地分析所选组织的经营情况、发展趋势、发展目标、组织特征、文化内涵以及人才需求等因素。

第二，社会环境分析。全面地分析社会变化、价值观念的转变、科学技术的发展以及人才市场需求变化等因素，并在分析过程中保证其时效性特征。

第三，经济环境分析。主要是系统地分析经济体制的变化、经济政策的转变、产业结构的改变、经济建设重点的转换等经济模式，从而了解其政策对自己职业所产生的作用。分析经济环境一定要结合国家宏观经济政策。

经由以上三种因素的分析，大学生能够更好地把握自己的发展趋势、自己和环境所产生的关系、自己在环境中的定位，从而在职业生涯规划中更好地结合环境因素。对环境因素的认识有利于其在职业规划中有效地避开不利影响，发挥有利因素的作用，促进自己职业的发展。同时要加强大学生和实际工作的接触机会，帮助大学生全面系统地了解职业环境，具体来说可以采用以下方法：

首先，亲身体验。大学生应该在节假日和寒暑假时参与目标企业或者类似企业的实习，并用职业人的要求来规范自己的行为，从而更好地接触到目标职业岗位的实际需求。通过岗位上的实习经历，可以更好地感受到企业的经营理念、企业文化，并全面地了解企业的人才需求，把握工作性质、环境、薪酬、晋升要求等；还能检测和评估自己的工作适应能力，从而提高职业匹配程度，有利于科学合理的职业决策。

其次，生涯人物访谈。大学生还应该利用一切关系争取和生涯人物的面对面交流和沟通，采访行业里的成功者，从而能够更好地把握行业的发展趋势和行业特征，更好地规划学习计划。

（3）目标确定。在职业生涯规划中，确定目标是最为关键的内容。应该基于外部环境分析和自我评估的前提下确定职业方向和职业目标。大学生进行职业定位时要考虑到四个因素的匹配情况：①职业和兴趣是否匹配；②职业和个人特长是否匹配；③职业和自己的专业是否匹配；④个人愿望和社会需求是否匹配，如此才能使得职业选择更加符合自己的特长和兴趣，也能更好地适应社会发展需求。现在大学生就业难已经成为严重的社会问题，大学生应该树立起不怕苦、不怕累的精神，从基层做起，一步一个脚印地实现自己的人生价值。大学生应该根据实际情况及时地调整和转变就业期望，具体是从工资薪酬、就业单位、就业岗位和就业领域进行相应调整，从而确保自己能够顺利就业。

（4）策略实施。行动计划包括两个方面：①长期计划，会受到各种不确定因素的影响和制约；②短期计划，是为了有效防止长期计划被不利影响所左右而制订的，并成为完成长期计划的基础和基石。职业目标一旦确定，就要付诸行动。

大学生制订行动计划时需要以职业目标为依据，并保证其具备针对性和明确性等特征，尤其是大学生毕业后的五年计划更为重要，作用也更为突出。要根据轻重缓急来确定计划，合理地管理，防止不利因素的影响等，这些都要采取行动才能有所成效。近期计划应该具体到每一周应该做什么，才能促进长期计划的实现。大学生应该制定自己的行动方案，为以后的就业创造机会。

以下两点是制定行动计划需要特别注意的：首先是分解和组合行动目标。需要根据时间长短来划分目标，如一年以内的目标称为“短期目标”，二至五年的目标称为“中期目标”，十年以上的目标称为“长期目标”等，并将目标细分为专业技术能力、可迁移能力等能力目标；专业、证书等知识目标；学生工作、实习和兼职的实践目标等；结合各个目标来促进总体目标实现。其次是要制定一套方案来有效地减少差距。先理性认识自己和目标之间的差距，然后再采取措施减少和目标之间的距离。

（5）反馈修正。只有及时地修正和评价职业生涯规划内容，才能确保职业生涯规划落实到位。从大学生的角度来看，可以从修正各个时期的目标、及时调整和变更计划和措施、重新选择职业方向等方面反馈和调整职业规划。

5. 职业生涯规划书

（1）规划书的主要内容。职业生涯规划书是职业生涯规划的书面化呈现，包括扉页、自我评估、环境分析、职业选择、生涯策略和评估反馈等基本内容。

第一，扉页。扉页包括题目、姓名、基本情况介绍（如专业、年级等）、规划年限、年龄跨度、起止时间。其中，规划年限视个人具体情况而定，短则半年，长则五到十年，一般以三到五年为宜。

第二，自我评估。自我评估是职业生涯规划的重要环节，是职业生涯规划主体基于自己全面了解和深入剖析后，对自己有关职业发展因素所作出的分析判断，包括气质性格、兴趣爱好、思维模式、知识结构、能力层次、愿望理想等诸多方面。通过回忆个人经历、评估个性素质、判断职业价值观念，从而弄清楚“我想干什么”“我能干什么”“我应该干什么”“在众多的职业面前我会选择什么”等问题，最终对自我做出全面分析和总结。职业生涯规划书中的自我评估包括以下内容：个人经历回放、个人性格评估、个人能力判断、个人职业倾向分析、个人职业价值观判断、自我分析与评估总结等。

第三，环境分析。人是社会及其环境的产物，一份有效的职业生涯规划书必须要充分考虑规划主体所处的社会环境。通过分析社会经济制度、家庭学校、行业组织环境的特点、形势及发展趋势，充分考虑环境因素为职业生涯发展所提供的机遇平台及约束限制，从而综合评估环境因素对职业生涯发展的各种可能影响。

职业生涯规划书中的环境分析包括：①社会环境分析；②学校环境分析；③家庭环境分析；④行业环境分析；⑤组织环境分析：⑥职业分析；⑦岗位分析；⑧地域环境分析等。

第四，职业选择。选择职业就是选择人生。职业选择是职业生涯规划主体依照自己的职业期望，凭借自我分析评估挑选职业，使自身素质与职业需求特征相匹配的过程。这一部分包括选择职业方向、判断职业价值、分析职业发展潜力、明确职业发展路径等内容，力求使自己的素质潜能与职业目标实现最佳配合。

第五，生涯策略。没有切实的行动，职业目标只能是个美丽的梦想。实现职业生涯目标需要具体可行的策略和行为措施来保证。在完成职业定位后，要制订周详细致的策略方案，如个人培训计划、工作改善计划等，积极构建职业社会资本，不断提高个人综合能力和核心竞争力，完成各个阶段性的目标。职业生涯规划书中的生涯策略包括：①长期、中期、短期的职业生涯计划；②各阶段计划的分目标；③计划内容（专业学习、职业技能、职业素养）；④计划实施策略等。

第六，评估与反馈。在践行职业生涯规划的动态过程中，要随时根据反馈情况评估自己的生涯规划，修正自我认知，总结经验教训，纠正最终职业目标与阶段性目标的偏差，保证职业生涯规划行之有效，最终促使生涯目标的实现。职业生涯规划书的评估与反馈包括：预评估的内容、可能存在的风险、风险应对方案等内容。

（2）职业生涯规划书的格式。

第一，表格式。表格式规划书一般包括个人情况基本介绍、职业目标的说明、各阶段规划任务与发展策略。它是一种简约直观的职业生涯发展设计文件，有的只相当于一份完整的职业生涯规划书的计划实施方案表。这种格式的规划书更适合用作阶段任务的提示。

第二，条目式。条目式规划书包含一般职业生涯规划书的主要内容，但语言表述简单，以条目形式列出，缺乏详细的材料分析和评估，简单明了，规划过程的逻辑性不强。

第三，论述式。论述式规划书通常格式完整、规范，通过对自身条件、职业人士及职业目标的定位分析来说明职业生涯规划的依据，对个人职业生涯的选择规划进行全面而详尽的分析和阐述，充分反映规划主体的内心思考过程。

6. 大学生职业生涯规划的管理

（1）目标管理。

第一，大学生目标定位和分类。对大学生目标实施分类和定位能有效促进大学生明确大学期间的学习目标。

目标定位。目标定位是指大学生立足于自身发展和社会期望的基础，确定自身发展方向和奋斗目标。从横向来说，其目标定位包括大学生的能力、素质和知识等方面，从纵向说，大学生要根据不同年级和不同时期确定近期目标和远期目标。大学生的成长基础和前提就是合理的目标定位，其将影响大学生的整个学习过程。大学生在目标制定过程中，要从社会对学生的素质和能力要求出发，并结合自身的专业发展需求，在加强知识运用能力、表达能力、沟通能力、协调和管理能力、创业创新能力等前提下，还要积极地发展自己的专业能力，并尽可能多地参与到实践实验中去，才能系统地掌握专业知识。

目标分类。内容包括：①按时间长短分：短期目标、中期目标、远期目标等。②按目标内容分：理论学习目标、实践训练目标、活动参与目标等。③按目标支撑逻辑分：专业学习目标、职业目标、人生目标。大学生制定目标时要综合各方面条件，实行模块化管理，结合近期目标和远期目标，从而更好地实现自己的人生价值。当目标确定后，就需要按计划付诸行动。从大学生的角度来看，需要立足于学校的培养目标和培养方案学习，并具备一般大学生需要具备的各种素质和能力，在制定自己的目标体系时要以学校资源和条件为依据。

第二，大学生目标的管理。确立目标后，就要实施合理的管理。所谓目标管理是指合理分解目标，评估目标的主次和先后顺序，促进实施。并且实施监控目标完成效果，在实施中及时地调整方案。

目标划分。只有合理地分类和划分大目标，才能让目标的实现更加具体化，也更具操作性，更有利于目标追求过程中信心的建立。详细来说，可以先确定好目标的大致方向，并将与之匹配的技术、条件和能力进行一一列举；然后确定具备这些能力和条件所需花费的时间，并制定自己的长期目标、中期目标和短期目标，以至于细化到每日目标上，要求每天必须完成相应的任务量，这一过程中可以先将终极目标放置一边。划分长期目标，并坚持完成每天的工作任务是必不可少的。任何一个目标都不能一两天内就完成，若是不合理地分类和划分的话，往往会导致信心的缺失，不能持之以恒。

评估目标。为了更好地对重要性工作进行前后排序，拉肯恩提出 A、

B、C分类法。具体操作是将所有工作列示在纸上，并对各个工作进行评估，最重要的工作上标注A，重要程度次之的标注B，剩下的标注C。之后再细分A类中的所有工作，原因在于所有工作重要程度都是不一样的，然后集中精力主要来攻破A类工作。

监控目标。把握重点目标之后，就应该重视审视目标的实施过程和效果。人们生活的社会是复杂的、多维的，环境的影响无时不在，可能会误导人们背离主要目标，并被繁琐的日常事务所拖累，从而产生不良情绪，不利于对目标的追求。所以，需要及时地监控重要事务，若是发现和主要目标产生偏离时要及时地调整，并善于管理自己的时间，压缩处理日常琐事的时间。若是情绪不佳时也要及时地调整，从而将精力放在主要目标的实施上。

（2）时间管理。

第一，时间管理的原则。①设立目标。时间管理可以帮助人们在有效的时间内实现更多目标。每年需要制定四到十个目标，并确定主要目标，然后进行重要性排序，按照计划实施。②列清单。将自己的目标事物都列在一个总单上，如此可以更加明确自己的责任和目标。然后再合理地分类制定目标。③做好“时间日志”。详细记录完成每项事务需要花费的时间，包括日常的刷牙、洗澡、穿衣服、出行时间等。这样有利于更好地发现哪些事务耽误时间，从而更好地管理时间。④制订有效的计划。不经过认真思考就做出的行动往往会产生更多问题，多花一小时来进行计划安排，则可能节省三到四小时的实施时间，而且还可以收到事半功倍的效果。若是计划做得不够周详，则可能出现计划失败的可能。⑤遵循20：80定律。该定律是指完成百分之二十的重要事务需要耗用百分之八十的时间。生活中随时会遇到突发事件和意外情况需要立刻解决，若是每天都有大量突发情况产生，则表示时间管理做得并不到位。成功者和普通人最大的区别之处是将最重要的事情花费最多的时间来完成。⑥安排“不被干扰”时间。

每天要具备不被任何事务、任何人干扰的一个小时，完全用来实施或者思考重要事情，那么其效果往往超过一天的工作效率，也有可能超过三天的工作效率。⑦确立个人的价值观。若是没有明确的价值观念，就无法准确地判断事务的重要性，也无法合理分配时间。

第二，时间管理方法的运用。

帕累托原则。一个高效的管理者能够实现有限时间内有限资源下产生目标的最大化。任何一个目标的实现都是建立在时间基础上，所以时间管理也是高效管理的重要前提，由此引入帕累托原则，又可以称为“80 对 20 定律”“犹太法则”等。其是意大利经济学家帕累托在 19 世纪末提出，起初只在经济领域的决策中运用。帕累托原则是指不管任何东西或者事务，往往最小的部分才是最重要的，所以应该给予更多精力和资源来突破这部分事情，并予以高效管理。将帕累托原则运用于时间管理中也很有益处，能够帮助人们把握工作的优先顺序，并集中精力和资源来完成最重要的工作。

坐标法。任何一个人很难同时处理两项事务，而坚持高效完成更是不可能的，所以需要将时间花在最重要的工作上，对一些非必需的事情可以先放置一边。时间管理坐标体系的横坐标为轻—重，纵坐标为缓—急。所有事务都可以通过这一坐标体系来分类，第一类是重要且紧急的事务第二类是重要但不紧急的事务，第三类是紧急但不重要的事务，第四类是不重要且不紧急的事务。排在第一位的是紧急事务，不过此种时间管理并非最有效。开始时，要先完成重要且紧急的事务，不过不能形成紧急惯性。

（3）标杆管理。职业生涯标杆管理模式是现代企业的一种新型经营管理模式，对于提高企业自身产品质量和经营管理水平，增加企业竞争实力有突出的效果。在职业生涯的管理过程中，每一个人都必须随时准备与全球各地的同行相比较，向优胜者学习，需要运用标杆管理的方法进行自我完善。职业生涯的标杆管理主要包括以下内容：

第一，确认标杆管理的目标。标杆管理的目标也就是大学生职业生涯管理学习的对象，即标杆。确立的标杆可以是自己的专业领域或自己感兴趣行业领域中的生涯典范，也可以是周围所熟悉的同学、朋友或老师、父母，标杆要具体，并有参照的意义。

第二，通过自我分析，对照设定的标杆，找出自身差距，确定学习目标。首先通过自我分析要找出自身职业生涯发展中的问题所在，然后确定学习目标。学习目标一定要具体，它可以是标杆的某一项突出职业技能，也可以是一项重要的职业素养，总之，是标杆典范在生活、工作等方面表现出来的成功品质。找到差距后，通过与标杆的交流或访谈，收集与分析数据，确定标杆各项指标。

第三，瞄准标杆管理的目标，制定可行的学习目标，把学习内容细化、量化。这个步骤是职业生涯标杆管理中最关键的一个部分。首先结合标杆的各项指标，找到可操作性强的缩短差距的有效途径；再在这一基础上进行系统学习与改进，实施标杆管理。在这一步骤中，要结合实际，创造适合自己的职业生涯管理方式，要注意超越自我，克服学习中的惰性。学习无止境，改进无终点，只要不断努力，一定能在职业生涯管理过程中取得长足的进步。

（四）职业生涯决策

职业生涯决策是指个体根据自身条件和职业环境信息进行一系列的权衡，做出关于职业行为的公开承诺。职业生涯决策是职业生涯规划的重要组成部分，是个体面临生涯抉择时，综合考虑内在因素和外在因素之后所作出的各种反应。

1. 影响职业生涯发展的决策

对于每一个即将走向社会的大学生来说，影响职业生涯发展的几项重大决策如下：

（1）选择何种行业。

（2）选择某行业中的哪一种职业。

（3）选择求职所适用的策略，以获得某一份特定的工作。

（4）从数个工作机会中选择其一。

（5）选择工作地点。

（6）选择工作取向，即工作的方向与形式。

（7）选择生涯目标或者系列性的升迁目标。

2. 职业生涯决策的风格

常见的决策风格有如下四种：

（1）冲动直觉型。冲动直觉型决策风格是指个体基于一时的冲动或自己强烈的感受和情绪反应而做出决策。

（2）依赖宿命型。依赖宿命型决策风格是指个体知道自己必须作出决定，但依赖他人为自己作出决定。这种决策风格的人认为一切都是命运的安排，自己做不做决定都一样。

（3）犹豫拖延型。犹豫拖延型决策风格是指个体知道自己必须作出决定，但经常处于拖延或挣扎的状态，迟迟做不了决定，或者到最后一刻才做决定。这种决策风格的人常常对决策的结果感到恐惧，不愿为自己的决策承担后果，因而用麻痹自己的方式来逃避做决策。

（4）系统理性型。系统理性型决策风格是指个体做决定时会分析自己内在的状况，也会考虑外在环境的要求，广泛搜集信息，用系统分析的方法检验各种选项的利弊得失，从而做出适当且明智的选择。

系统理性型决策风格是最为理想的风格类型。这种决策风格的人既能充分地搜集相关信息，又不会被过多的信息所迷惑和压倒；既能果断地作出决定，又不会过于冲动和感情用事；既能广泛参考别人的意见，又不会因盲目从众而失去自我；既能坚定地为自己的选择负责，又不会不顾条件的变化而一意孤行。在面对人生的重要选择时，大学生尤其需要这种决策风格来助自己一臂之力。

决策风格受人格特质的影响，但是这种风格并非恒定不变，而是可以通过训练和实践加以调整的。大学生努力克服人格特质的缺陷，就可以在一定程度上从被动转向主动，从盲目转向理性，从依赖转向独立，从片面转向系统。

3. SWOT 决策分析法

SWOT 决策分析法是市场营销管理中经常使用的一种功能强大的分析方法。大学生利用这种方法可以找出对自己有利的因素和不利的因素，发现自己存在的问题，并找出解决问题的办法，进而明确以后的职业方向。

SWOT 决策分析主要分析 4 个方面：S 代表优势（Strength），W 代表劣势（Weakness），O 代表机会（Opportunity），T 代表威胁（Threat）。其中，S 和 W 是内部因素，O 和 T 是外部因素。

SWOT 决策分析是职业生涯决策过程中一个非常有用的工具。如果大学生对自己进行细致的 SWOT 分析，就能很明确地知道自己的优势和劣势在哪里，并且能分析出自己所感兴趣的职业道路的机会和威胁所在。进行 SWOT 决策分析时，对个人的优势与劣势要有客观的认识，不要过分夸大自己的优势，也不要过于自卑或把自己看得一无是处，而应客观而全面地分析，同时要注意区分自己的现状与前景。

4. 职业生涯决策技能提升

（1）增强决策动机。面对决策，积极主动的态度是非常重要的，不能一味地等待，或总是依靠他人做决策。如果大学生缺乏决策动机，则可以多和已经做出决策的人交流，从他们身上感受及时做出决策的重要性；也可以与那些刚实现职业生涯转变的人交流，并了解他们做决策后的感受，进而增强自己做决策的动机。

（2）强化信息搜集。在做决策的过程中，大学生应强化信息的搜集与利用，因为只有掌握丰富的信息才能有效地做出决策。具体而言，可以通过职业测评、他人评价、社会实践、生涯人物访谈等方式来了解自己的特质和职场需求。

（3）寻求专业支持。大学生可以通过参加各种生涯课程、“工作坊”课程等提升决策技能。如果不知道如何做决策，存在内部冲突或外部冲突，则可以向职业咨询人员寻求帮助。

（4）突破行动障碍。大学生增强职业生涯行动的意识和提高行动能力非常重要。在职业生涯行动过程中，大学生可能会发现新的兴趣和潜能，或者发现新的就业机会。

（5）构建积极的自我对话。自我对话是自己在内心与自己交流的过程。大学生应有意识地构建积极的自我对话。具体而言，可以从以下三个方面着手。

第一，培养积极思考的习惯。要想有效地解决职业生涯问题，大学生首先必须认为自己在某个领域是能胜任工作的，即对自己做出积极的评价。消极的自我对话会让自己的职业生涯决策受阻，因此大学生必须摆脱消极思维，养成积极思考的习惯。

第二，发展自我觉察能力。自我觉察能力是指个体知道自己正在做什么和为什么要做。在决策过程中，对自我身心状态进行觉察非常重要，这有利于个体发现阻碍自己做出决策的因素，从而针对性地解决问题。优秀的职业生涯问题解决者在做决策的过程中能够意识到自己的感受、他人的需要，能够平衡自身利益和他人利益，从而做出于己、于他人、于社会大局都有利的选择。大学生可以经常问自己有什么样的感受，以提升整个决策过程的感受能力。

第三，发展自我监控能力。自我监控能力是指个体对所做事情的进展进行思考和调控。通过自我监控，个体能够监督自己完成决策的过程，进而及时调整自己的决策方式和行动策略。面临职业生涯问题时，大学生可以通过自我控制来提高解决问题的能力。例如，在参加招聘面试之前，我们通过深呼吸来放松身心；当我们因职业生涯的不确定性而产生情绪起伏时，可以在头脑中描绘有利于情绪安定的景象。这些自我控制技巧能帮助大学生改善情绪管理，提高大学生做理性决策的能力。

第五章　职业本科教育的创新实践

第一节　职业本科院校的基本职能与定位

一、职业本科院校的基本职能

（一）专业性教学：职业本科院校的立校之本

要想使培养出的创新型技术技能人才具备高素质，开展专业性教学必不可少，借助于对创新型技术技能人才的高素质培养，技术应用性职业也可以向着更加专业的方向发展。从职能重要性的角度来看，职业本科院校的第一职能就是专业性教学，这也是其本体职能，是立校之本。

职业本科院校在开展专业性教学时，学生需要从本质上把普适性的抽象的可持续知识与专业化的具体职业岗位联系在一起，在未来帮助学生们更好地对新的职业领域进行拓展。抽象知识和职业技能之间的融合主要是借助于解构专业化职业来完成的，这也是相较于中高职学校来说，不管是从课堂教学还是从课程开发来看，职业本科院校都更复杂、独特的原因。

作为一种专业教育，职业本科教育具有职业属性，属于本科层次，其基本目的是对与特定职业需求相匹配和适应的知识与技能进行培养。然而，我们在开展职业本科院校的专业性教学时，一定不能过于片面，除了需要对学生的职业反思能力、思维习惯等进行培养之外，还要与人文素质教育结合起来，如对学生的家国情怀、社会责任、工匠精神及审美情趣等进行培养。借助于跨界教育，帮助学生更好地把工作和想象力结合到一起，使其在工作时更富创造性、更加游刃有余，这也是职业本科院校所应实现的一个教学目的。因此，职业本科院校在开展教学时，想象力是必不可少的。技能训练的系统开展及文化涵养的全面培育，能够让青年人的想象力得以保持和持续发展。

（二）实用性科研：职业本科院校的强校之基

从科研目的和效果来看，职业本科院校所进行的科研主要是实用性科研。实用性科研也是一种价值取向的代表，即求真务实、学以致用，它不仅十分重视科研的应用，对于其应用效果、科研成果的转化和收益情况也十分关注。可以这样认为，实用性科研的导向具有综合性，它不仅仅是问题导向，还是实践导向、效果导向的。在职业本科院校中，如果科研所面向的问题并非行业、企业的真实问题情景，如果科研的目的不是追求应用效果，那么它将没有任何市场可言。

职业本科院校开展的实用性科研具有个性化、小型化等特点，这也是其基本定位。相较于其他类型大学所开展的科研，职业本科院校开展的实用性科研在水平上与他们并无差距，只是类型不同。从实用性科研的具体内容来看，除了能够发现技术原理之外，借助于技术知识及原理对生产、服务过程中出现的实际问题进行解决，也是其需要关注的内容，或者是围绕着产业链、技术链中的部分要素或某一环节来开展研究，抑或是在智能化、数字化环境下改造商业模式、工艺流程等，在这个过程中助力企业在技术技能方面实现优化和积累，进而使课程体系中的技能和知识能够实现再生产。

（三）文化再生产：职业本科院校的兴校之魂

作为大学的其中两个职能，创新和文化传承是被大家普遍认可、认同的。创新和文化传承都具有同一个实质，即文化再生产，从职业本科院校的角度来看，文化再生产是以职业教育的独特性为基础的，是非常重要的。职业本科院校的发展受到了当下文化多样性和社会多元化的极大影响，相比于那些历史传统更加深厚的大学，其包容度、开放度都更大，在校园里我们可以接触到更加丰富、流动性更强的社会文化，我们也要对此进行发展和完善。

对优秀的传统文化进行传承是职业本科院校所需承担的一个重要责任。在职业本科院校中，传承传统文化的过程是一个极具适应性和创新性的过程，我们要围绕学生的身心情况，结合其专业特点，综合考虑其未来的职业选择和发展方向，对学生的传统文化素养进行选择性的培育，使培养出的每一个学生都能从中获益，使每一位毕业生都能成为对中华民族精神和文化进行传承的点点星火。

（四）社区性服务：职业本科院校的活校之路

职业本科院校是一种十分独特的大学类型。当代社会在发展的过程中，大学基因和职业教育不断交融、结合，职业本科院校就是这样产生的。对于职业本科院校来说，其“天职”就是服务社会。

对于职业本科院校来说，社区服务是对其社会服务的主要定位。职业本科院校在社会服务方面所具备的职能主要是社区性服务，要求职业本科院校在开展活动时应当向社区拓展延伸，服务社区的发展。因此，职业本科院校要充分考虑社区的实际需求，促进二者之间全面合作伙伴关系的建立健全，要直接深入人民群众，承担新型大学所应担负的社会责任。

职业本科院校服务社区主要是从以下三个方面开展的：

第一，教育服务。在培训课程的设计方面，职业本科院校相较于应用本科院校和研究型大学更加灵活多样，在针对社区不同群体的培训服务时可以更为具体化，对于多元化群体，也可以提供可迁移技能方面的适应性和灵活性都较强的培训，这是职业本科院校的独特优势，同时也能够为社区的职业培训、终身教育提供更加优质的服务。

第二，文化服务。在社区中，职业本科院校承担着文化教育机构的职能，作为社区里的文化中心，职业本科院校应从多方面为社区提供文化服务，如对社区的文化生活进行丰富，对社区的文化口味进行提升，对社区的文化环境进行改善，对社区的文化治理进行优化，为社区提供资源、人才、咨询等。

第三，技术服务。职业本科院校具有一定的技术优势，它扎根产业，可以从院校的专业布局出发，从多方面、多领域为社区提供多种多样的技术服务，如园艺技术、旅游文化技术、健康管理技术、信息技术等。

二、职业本科院校职能定位的致思路径

“职业本科教育可定位于：面向行业产业的高端领域，培养具有较强专业能力、创新能力、方法能力、组织领导能力、可持续发展能力和综合职业素养，相当于‘技术工程师’层次的技术型人才。”[①] 职业本科院校的职能是职业本科院校对自身的理解，是一种自我认识和定位。其职能是一切职业本科院校都履行的责任，只是不同的职业本科院校履行的侧重点或程度有所差异而已。

我国的高等教育系统是多元化的，而职业本科院校在其中又是一个十分独特的存在，我们在对其职能进行界定时，有一个重要前提就是找到其

① 杨欣斌. 职业本科教育人才培养模式的思考与探索［J］. 高等工程教育研究，2022（1）：127.

独特性。而职业本科院校的出现是由于经济社会的发展和产业转型升级的飞速发展，正因如此，我们在审视它时往往会戴着工具主义的有色眼镜。事实上，我们在对职业本科院校的发展道路进行探索时，有必要确保其不对经济目标的实现产生影响，要想做到二者兼顾，最为关键的就是我们能否站在纯粹的工具主义立场，不应只看产业或者经济，而是用更为宏大且长远的眼光对职业本科院校所涉及的职能问题进行探索和研究。要想实现这样的“大学之道”，我们必须借助于大学和学者们对职业本科院校自身的考察结果。

职业本科院校是大学属性和职业教育基因的结合体，这也是其独特性的来源。职业本科院校不仅是某一层次的职业教育类型，也是某一类型的大学层次。其一，职业本科院校有着十分鲜明的大学属性，我们在对其职能进行界定时，必须从大学角度出发，这主要是因为：虽然我们一直都在强调，职业本科院校是十分独特的，但归根结底，它还是一所大学，只要是大学，不管是什么类型的，必然都具备一定的“家族相似性”，因此，我们需要对现代大学和职业本科院校间存在的共同要素和内在统一性进行深入探寻。其二，后现代大学具有复杂性、多样性、差异性、矛盾性等特点，这反映出了我们在知识创造领域和人才培养方面的社会需求存在多样性。职业本科院校是从职业院校发展而来的，因此后现代大学所具备的种种特征，在职业本科院校身上也有充分体现。职业本科院校和其他类型的大学之间的根本区别，就是职业本科院校具有其独特的文化基因，即集技术应用性、职业定向性、实践优先性为一体。

总之，职业本科院校的职能，不仅要延续职业教育基因，还要突出大学属性，因此根据大学职能的演变史和职业本科院校培养高素质创新型技术技能人才的根本使命，可以将职业本科院校的基本职能定位为专业性教学、实用性科研、文化再生产和社区性服务，它们共同塑造了职业本科院校的“大学”之实。

第二节 职业本科教育的问题与实践探索

一、职业本科教育的实践模式

（一）产教融合的教学模式

本科院校背景下的高等职业教育，在教学模式上最大的创新就是将生产和教育融合起来，坚持市场导向的原则，充分发挥市场在资源配置中的主导性作用，不断促进教育质量的增效升级，其具体方法途径有：

1. 专业共建

在校企合作背景下的专业共建，充分调动了企业的参与性和合作性，将学校的骨干教师和企业的精英人才联合起来，借助于学校或者企业提供的平台，培养和打造具有丰富专业理论并符合市场需求的专业人才，也就是在这种专业和课程共建的过程中，一方面社会节约了资源，降低了培养人才的成本，另一方面学校也可以借助“市场”这块试金石，依靠企业来检验学生的培养效果和培养质量，进而不断更新专业项目和内容，实现学生真正的“学以致用”；对企业来说，他们也可以通过学校这种针对性极强的“教育”，培养出他们需要的员工，从而实现社会、学校、企业和学生本人在最终目标上的高度契合。

2. 师资培养

加强“双师型”教师队伍的建设是发展高等职业教育的重点和难点，这要求教师要具备“理论”教学和“实操”教学的双重素质和能力，要达到这一目标，则需要学校、企业和教师的共同努力。首先，教师自己要有从传统的“讲台”上走下来的决心和勇气，他们要敢于挑战自我，主动深入企业，进行实践操作，并通过这种实践性的“训练”不断巩固和升华自己的知识储备；而学校则应该将培养“双师”教师制度化和规章化，并鼓励教师，尤其是新入岗的青年教师，积极参加相关的培训；同时对企业来说，他们应该与学校合作，并在合作的基础上建立“双师”型教师培训基地，为建立一支新型的教师队伍提供一个广阔而坚实的平台。

3. 实训基地建设

要完成对学生的职业教育，实验实训基地建设是重要的一块内容，在本书所讲的本科院校职业教育中，这需要由企业和学校双方共同合作来实现和完成。

一方面，企业可以将实训基地建在学校里面，通过模拟让学生进行参观学习，这样既节约了成本，也方便学生就地完成实践操作，但在效果上往往有所欠缺；另一方面，学校也可以直接组织学生到企业的生产基地集中进行观摩和实训，实践及策略选择虽然成本高，但是真实的操作环境往往更有利于学生的学习。

综合而言，在实训阶段的划分上，目前国内主要是“3+1”和“2+2”模式，即学生先在学校完成 3 年或者 2 年的专业理论学习，再到实训基地参加 1 年或者 2 年的实训操作，但不管哪一种模式，其目的都是一致的，即通过理论和实训的结合来完成学生对专业技能的熟练掌握和对专业理论的全面认知。

（二）校企合作的管理模式

目前，国内的高等职业本科教育大多数还停留在“校企分离”的状态，也就是说学校和企业还未完全合作和结合起来，职业本科教育的任务还主要依靠学校单方面的力量来实现，但从实际上来讲，从高等职业本科的特点和发展趋势上来看，这种“分离”的状态并不利于高等职业教育的发展。

所以，从这一点来说，要提高高等职业本科教育的质量，“校企合作”的管理模式是一个重要途径。高等职业教育的根本目的是培养适应生产、管理和服务等第一线工作的应用型人才，而在这一培养过程中，企业作为市场的“代言人”和培养对象质量的“检验者”，对学生的培养方向和方式有着不容小觑的发言权，那么企业要投入到高等职业教育中来，可以从以下几个方面着手：

1. 完善校企合作的制度建设

无规矩不成方圆，制定一套切实可行的规章制度是校企合作的前提条件，也是双方合作顺利进行的必要条件，只要学校和企业双方要在共同目标下建立合作关系，就必须有一套双方约定的规划和制度，并在具体的操作过程中严格执行这套规划，且以此来约束和规范双方的行为，合作关系才能健康发展下去。

2. 设立校企合作的管理机构

在具体的合作过程中，学校和企业首先可以推举代表人物，设立理事会和董事会等专业委员会，依靠这一委员会来共同决策和管理合作事宜；也可以以某一方为主导，另一方为辅助来参与管理，这种形式就需要双方事先约定好主导方和辅导方，但不管哪一种方式，都应该设有专门的监督部门和机构来实施和保证民主监督，从而客观公正地使合作机构顺利运行。

3. 建设校企合作的投入机制

相较于企业，职业本科院校的教师和学生在知识教育上具有明显的优势，因而他们拥有可开发知识产权的技术，他们的产品也可以设计成技术成果，这些成果在具体的运行中可依法在企业作价入股，从而调动学校师生的积极性和工作热情。

对企业来说，它们作为经济利益体，具备强大的经济实力和资源设备，可以为职业本科教师和学生提供物质和设备支撑，在具体的合作中将来源于学校的软件投入和企业的硬件投入两种不同性质的投入系统结合起来，两方互为发展，进而形成丰富的多元性和多渠道的投入机制。

（三）创学结合的培养模式

创学模式是指高等职业本科院校学生在具体的学习中将“创业”和“学习”两种方式结合起来。

目前我国非本科层次的高等职业教育学生的自主或他主创业率已远远超过本科层次的学生，但是在创业规模、技术含量和盈利水平上却难以达到理想效果，这说明目前我国职业教育学生创业数量可观但创业质量并不理想。本科层次的高等职业教育学生具有职教学生和本科学生的双重优势，因而可以规避理论知识欠缺和技术动手能力差的双重问题，学校和企业如果能有针对性地对学生进行“创业培养”，就能规避很多方面的问题，进而在创业方面取得明显优势。

1. “创业意识”的培养

今天，就业压力日趋增加，面对这种严峻的形势，高等职业本科院校首先应该从思想上引导学生树立正确的创业观。学校应该有针对性地设置跟“创业”相关的专业和课程，如“大学生职业生涯规划”，也可以借助于思想道德修养和哲学等基础课程来培养学生的创业意识。

2.“创业情景”的模拟

为了使学生“身临其境”地体会创业模式和过程，学校和企业可以规划并创造一些“创业”情景，如大学生科技园，借助学校和企业的经济力量和设备支撑，让学生们自己“当老板”，投身到“创业”的队伍中来，这种模式的创业：一方面可以让学生在具体的操作中掌握创业之关键知识，另一方面也可以使学生避免因初涉创业所带来的市场冲击。

3.“创业效果”的反刍

高职本科院校学生创业教育的最终目标是使学生在毕业后能实现自主创业和自我发展，所以，通过在校期间“创业”情景的模拟，学生初步了解了创业的规律，也基本完成了“自主创业”的过渡阶段，但这并不意味着对学生的“创业”培养就顺利完成了，通过树立“创业意识”，模拟“创业”情景，作为创业者的学生应该重新思考和反馈“创业”的成败，并找到其精髓所在，通过这种“教室内”到“教室外”再到“教室内”的创业模式，学生可以在学校和企业的帮助下完成个人经验的积累，并最终获得创业教育的成果。

二、稳步发展职业本科教育的策略

（一）形成发展本科层次职业教育的政策合力

从整个社会的发展来看，本科层次的职业教育是一种新兴产物，我们仍旧需要很长的时间来对由谁办、怎么办等系列问题进行探索，院校、地方政府甚至国家都应共同出力，形成政策合力。首先，对一些高职院校，要支持它们升格成为职业技术大学，对于独立学院，也应鼓励它们转型成为职业技术大学，使它们在本科职业教育独立设置之路上成为先行者、探路者。其次，可以在高职院校开设一些本科层次的职业教育专业。再次，对于应用型本科高校，应继续鼓励它们对中高职学生进行招收，以便于对本科层次的职业人才培养进行深入探索。无论上面哪一种形式，对于本科层次的职业人才培养探索，院校都需要对自己的办学定位进行明晰，政府也需要制定明确的政策导向，把好与学生相关的“两关”，即入口关和出口关，比如，对“职教高考”的特点进行深化加强，对生源的“职业技能”基础进行突出强调；对于技术技能型人才的成长及职业教育的发展所蕴藏的规律，要严格遵循，对于本科职业教育的专业设置应按更高标准要求；对于有本科层次的职业教育院校，要建立健全其专业评估的标准和院校评估的标准。要对各类高校在本科层次的职业教育方面加强引导，做到规划合理、发展科学。

（二）提升新建职业技术大学办学综合实力

职业技术大学的发展，离不开对教育部相关文件精神的深刻领会，要紧紧围绕内涵建设这一重要内容，提升办学水平。只有这样，才能肩负起对本科层次职业教育的发展进行引领这一伟大的历史使命。

第一，关于专业设置，要充分做好相关的论证。对于高校来说，其最为重要的任务是培养人才，在职业技术大学整体升为本科后，要严格梳理计划先行开设的本科专业，并对其实力进行评估，使所开设的专业能够与当地的新经济发展需求相适应，使本科层次的职业人才培养能够顺利达到其质量目标，在此基础上才能对招生规模进行有计划的扩大。

第二，要全力抓好高水平的师资队伍建设。就当下的情况来看，这类大学最大的弱点和痛点就是教师。而对于一所大学来说，高水平的教师队伍就是他们的核心竞争力，因此需要引进高水平的学科带头人、行业高水平技术骨干等高端人才。关于引进、培养、使用高端人才的思路和举措，不管是院校的人事部门还是各个学院以及相关部门，都要推陈出新，对于青年教师，则要十分重视培养他们的“双师双能”素质。

第三，全力搭建科研服务平台。对于职业技术大学来说，一定要对学科专业的方向进行深入凝练，对特色进行加强，在对学校的科技创新体系进行建设时，要围绕科技创新人才的队伍建设这一重要内容，对大工程、大项目的承接进行积极争取，对大成果进行凝练，努力做到“把论文写在祖国大地上”，不管是在对地方发展服务方面，还是对高质量人才进行输送方面，都努力走在前列。

（三）支持高水平高职院校开展本科职业教育试点

近些年，为了推动当地的经济发展，不少省份都开始对本科层次的职业人才培养模式进行探索，尤其是高职院校和本科院校的联合培养模式，目前已经有了一定的收获。在经过多年的专业办学实践后，一些高职院校已经积累了丰富的办学经验，可以说，在对本科层次的职业教育进行开展方面，已经基本具备能力和条件了。

对于那些有条件的高职院校，教育主管部门可以给予它们一定的支持，帮助它们逐步有序地对本科层次的职业教育进行试点：第一，要充分发挥“双高计划”高校在重点专业群方面的引领作用，借助于对本科层次职业教育的发展使整体水平得到提升，对于交叉专业、新兴专业，要给予高度重视，并推动其发展，争取将专业群建设得具有更高水平、特色更加鲜明，从而为未来技术服务、科学研究的开展打下坚实的专业基础。第二，在专业考核方面，要围绕成果这一导向来进行，要建立专业预警和调整机制，使专业能随着产业的发展而不断进行自我调整，强化专业的内涵建设，以专业认证标准为参考，对和专业认证相关度较高的制度文件进行修订或重新制定，针对专业认证内容展开相关调查，对在校生、教师、毕业生及雇主等的意见进行真实、全面、客观的了解，以这些细致的、真实的数据为支撑助力专业的建设和改革。

（四）做好本科层次职业教育的院校评估和专业评估

对于本科层次的职业教育来说，专业评估和院校评估工作十分重要，一定要做好。评估可以使本科层次的职业教育更多地向职业核心能力与本科专业能力兼顾这一对人才培养的定位聚焦，使职业高等学校在人才培养方面的质量得到切实保障。院校评估主要考察的内容包括：职业教育的类型特色、产教融合的校企合作开展、为地方的经济社会发展提供服务、对高层次的技术技能人才进行培养等。

专业评估时，主要从以下方面进行考察：专业的设置是否符合需求，即和战略性新兴产业、国家及区域的主导产业和支柱产业的需求能否实现有效对接；其专业设置的标准是否明确，建设规划是否合理，专业建设的发展机制是否能够实现自我完善、动态调整；对于新兴专业、优势特色专业的培育是否重视，能否对高水平专业（群）进行成功打造；所开展的专业实习活动与专业特点、对人才进行培养的目标是否能保持一致、有机结合，在与行业企业开展合作时是否设置了认知实习、跟岗实习、顶岗实习等环节；关于实习的运行保障机制是否已经建立，是不是每个专业都有长期稳定可用的实习基地，能否保证实习经费的使用，等等。

（五）完善发展本科层次职业教育的内部管理机制

对于职业高等学校来说，以“高等性”“职业性”这两个特点为核心建立起行之有效的管理机制，是决定其本科层次的职业教育发展情况的关键。这套管理机制能够使职业高等学校的管理更科学，为提升院校的办学实力提供切实的保障。

第一，要对二级学院建制进行创新，对现代产业学院的多主体共建模式进行探索，充分发挥地方政府、头部企业、行业产业等的作用，遵循职业人才的成长规律，对与现代产业发展的各种需求相匹配的高层次技术技能人才进行培养。

第二，修订和完善目前已有的科技管理办法，使其能够与重大科研项目的管理及高端科技平台的发展需求相适应，进而使其为地方经济社会发展提供服务的能力得到切实提高。

第三，以学校的岗位设置及聘任情况为基础，在岗位聘任、绩效考核、团队配备、分配制度等方面推动其进行改革，对相关政策机制进行完善，如岗位设置管理、高级专业技术职务评聘、科研业绩考核、绩效工资实施等，对教师在专业发展方面的活力进行有效激发，使师资队伍更好地发展。

（六）培育发展本科层次职业教育的校园生态环境

对于高等教育的发展来说，学风优良、探索科学、氛围和谐是其本质要求。要想使本科层次的职业教育朝着又好又快的方向前进，良好的校园“环境生态”营造是十分必要的。

第一，围绕着学生这个中心和就业这个目标导向，营造出良好的育人环境，即立德树人，树立恰当的办学理念，即为社会需求服务，培养出更多的高端技术技能人才，从而服务于现代产业的发展。

第二，对于创新精神要大力倡导，要敢为人先、革故鼎新，对本科职业教育的内涵，即“高等性”“职业性”进行充分发掘，使教材、课程、实习基地、教学模式及评价机制等都能与本科职业教育的人才培养需求相匹配。

第三，要不断提升教师的成长环境，加大人才引进和培育的力度，建立高水平的师资队伍，使其在职业教育领域和行业企业内都具备更高的影响力。

第六章　职业本科教育的发展与保障

第一节　本科层次职业教育的内涵

本科层次职业教育具有自身的特殊性，它是基于中等和专科层次职业教育之上的一种教育模式，目标是进行高层次技术应用型人才的培养，并对学生的职业技能、综合素养进行有组织和有计划的提升，使学生在学校就可以获得相应的资格证书。我国本科层次职业教育主要是针对大陆地区而言的。可以从以下方面来把握本科层次职业教育的内涵：

一、目标是培养高层次技术应用型人才

本科层次职业教育人才培养目标是最基础的目标，这是因为这一基本目标使其可以和其他教育类型区别开来。

（一）本科层次职业教育人才培养目标的确立

本科层次职业教育的发展和社会发展水平之间有着不可分割的关系，它是为了达到培养人才的目标，具体来说是为培养技术应用型人才而存在的，也为了和社会发展需求相适应，并能满足个人的成长需要。

（1）达到本科教育、高等职业教育的培养要求。本科层次职业教育

属于高等职业教育，因此其既要满足本科教育人才规格标准的需要，也要和职业教育的总目标相统一。《高等教育法》的第十六条第二款也明确指出：本科教育的目的是促进学生对本学科和本专业的基础理论、基本知识和基本技能等进行系统的学习和掌握，能够较好地适应本专业实际工作的需要。《职业教育法》则指出：其教育要和国家教育方针相统一，从学生的思想政治、职业道德及专业知识等方面进行教育，让学生获取必要的职业技能，提升学生的专业素养和职业道德水平。

（2）应满足社会发展的需求。本科层次职业教育的发展水平和规模主要受到社会现代化程度的影响。现在，国内的工业现代化程度在不断扩展，出现了知识现代化发展。随着知识经济时代的到来，高新技术产业的知识、信息和人才资源的优势也逐步体现出来，成为社会经济的主导产业，这使得人才需求结构也有所变化，培养一批高层次技术应用型人才也成为迫在眉睫的重要任务。本科层次职业教育层次更高，要求也更全面，因此它需要适应社会经济发展和科学技术进步的要求。随着技术水平的提高，生产过程中也需要更高的技术含量，这就需要劳动者具备更高的技能和技术水平，这会改变劳动者的知识结构体系，只有本科层次职业教育才能达到这个目标，所以需要对职业教育的层次进行提升，从而让劳动者能够适应不断提升的技术水平需要。

（3）满足受教育者的成长需要。本科层次职业教育主要是针对人而展开的，在进行本科层次职业教育时要遵循以人为本的原则，所以本科层次职业教育人才培养目标是针对受教育者的成才而言的。现在，国内还未出现职业教育的完整体系，很多职业教育的受教育者只能走向劳动力市场，能够继续深造的非常少。这一不完善的政策体制也导致很多职业教育学生的可持续发展后劲不足，不利于学生的长远发展，也限制了终身教育理念的发展。当然，国家未提供更多的生源渠道也是一大问题，这也使得高等教育大众化程度不高，限制了人们的多样化学习需求。因此，本科层次职业教育也应运而生，它可以使学生有更多受教育的机会，同时也使人们的多样化教育需求得以满足。

通常来说，应该将个体需求和社会发展联系起来，个体在获得满足的过程中，也会促进社会的发展，反过来，社会的发展也会使个体的满足感得以提升。随着物质生活水平的提升，人们也需要更高层次和更高质量的教育。本科层次职业教育是非义务性的，从其本质来说，它是将受教育者作为消费者和投资者来看待的，所以满足受教育者的成长需求，为受教育者提供持续发展能力的培养，也是本科层次职业教育的教学目的。

（二）高层次技术应用型人才的知能结构

不管是什么样的教育理想形态，都只是体现了终极目标的一个阶段性成果。[①]本科层次职业教育也不例外，它只是受教育者的一个教育阶段，是为了使受教育者更好地适应岗位而存在的。所以进行本科层次职业教育时，首要问题就是构建一个恰当的知识、能力、素质框架，并保持各项因素的协调统一发展，这样才能确保受教育者综合能力的提升。能力是基于知识之上的、对知识灵活运用的一种素质。

1. 知识要素

知识是人们通过社会实践而总结出来的经验，是集事实、概念和准则为一体的，是人们对认识活动的总结，对某些事物进行反映的一个集合体，也可以说，是人们对维度的一种认知，这个维度是从静态的角度来说的。不过从动态维度的角度来说，知识可以是对认识结果的反映，也可以是对认识过程的反映；知识是综合描述的事实和概念，也可以让人们获取知识。雅思贝尔斯指出：教育是对人的灵魂进行教育的，而不是简单地叠加知识

① 陈鹏，庞学光．培养完满的职业人——关于现代职业教育的理论构思［J］．教育研究，2013（1）．

和认知的结果。[①] 本科层次职业教育人才培养的侧重点在于知识的传授，这不仅仅要求进行事实知识的教育，更应该侧重学生应用知识能力的培养，从而确保学生具备较高的综合素质。和本科学术教育相比，本科层次职业教育的重点在于培养应用型人才，为此设计的专业知识会更广更深，并能够指导其实践，但本科学术教育则对知识的深度、学科性和系统性更为重视。任何一个国家或民族，缺乏现代科学和先进技术都将不堪一击，但若是缺乏人文传统和文化精神，将会不攻自破。[②] 为了弥补技术教育的不足，应该加强人文教育和通识教育的重视程度，从而避免教育的局限性和片面性。专业的技术知识和良好的科学知识、人文社科知识是高层次技术应用人员所必备的能力。如此才能将相关专业理论知识和人文社科知识结合起来，从而使学生的综合素质得到提升。

2. 能力要素

能力是通过运用自己的智力和知识进行实践活动时逐步产生的。

能力是基于合理的知识结构而产生的，本科层次职业教育是基于复合知识之上进行循环训练而产生的一种较好的复合型职业能力，主要由通识能力、专业能力及可持续发展能力组成。

高层次技术应用型人才必须具备通识能力才能完成基本的工作任务，这属于通识教育的范畴，可以通过听、读、说、写、算等方式来获得。不管受教育者之后将从事什么工作，都需要具备较好的通识能力。这是每个参与社会建设的个体都需要具备的能力和基本素养，也是个体发展所不可或缺的前提条件。为此应该认识到：本科层次职业教育并非只是通过简单听、读、说、写和算的传授，更需要积极地做好职业导向工作。在四年的

①[德]卡尔·雅斯贝尔斯. 什么是教育[M]. 邹进，译. 上海：三联书店，1991.

② 杨叔子. 现代大学与人文教育[J]. 高等教育研究，1999（4）.

教学中，不但要加强学生高于本科层次普通教育学生的实践能力培养，还要使其具备高于专科层次职业教育学生的专业理论水平，这对于受教育者快速适应未来的职业需求都是必不可少的能力，不过针对具体的专业领域和岗位来说，这种能力还是有所差别的。所以，学校应该针对不同的专业和岗位要求来进行学生的通识能力培养，当然良好的职业倾向引导也是必不可少的部分。

本科层次职业教育培养的一个核心能力就是专业技术能力培养，这也是职业性的本质所在。为此，学生的岗位适应能力培养也是本科层次职业教育的重点所在，只有提升学生的岗位适应能力和岗位技术水平，才能使其更好地适应社会发展的需要。学生在工作实践中要能综合运用学到的技术原理并加以灵活运用，将技术理论向现实生产力转化，从而获得实际解决问题的能力提升，并在这个过程中能够进行自主的思考，为技术创新创造提供条件。

现代技术的开发离不开生产实践的技术需求。由于技术的进步和科学的发展，现代化技术也越来越复杂，技术缺失的表现也更加多样化和复杂化，为了更好地进行理解，实践者的创新能力和自主思考能力就显得尤为重要。技术需求和技术缺失也是促进新技术产生的重要因素，并在此基础上将科学技术向现实生产力进行转化，否则科学知识和科学实验就只是纸上谈兵，对改造世界来说毫无意义。

学生想要适应职业岗位需求和社会发展需要，就应该重视自身可持续发展能力的培养。这就要培养学生对美和道德的判断力，促进自身的和谐发展。[①]不同岗位和不同职业之间的可持续发展能力是有迁移特征的，此外，它也具有现代性和高级性特征。它的组成包括四个主要部分：一是学习能力；二是组织协调能力；三是情感认知能力；四是判断能力。它作用于学

① 许良英，赵中立，张宣三. 爱因斯坦文集第三卷［M］. 北京：商务印书馆，1979.

生的整体发展中，同时还能为学生的持续发展提供动力。可持续发展能力的培养能够帮助学生更好地掌握和运用专业技能和专业知识。杜威也表示：随着劳动力市场的变化，需要人才具备更好的适应能力，因此单一的实践技能是无法适应社会快速发展的，而且可持续发展能力也是必备的要素之一，如此才能更好地适应市场变化。

3. 素质要素

素质是指学生在习得过程中所产生的一种较为稳定的品质，是知识和能力的升华和提炼。它的组成包括四个部分：一是职业道德素质；二是公民道德素质；三是职业修养；四是心理素质。学生想要适应职业岗位需求，适应社会发展需要，就要具备较好的职业道德和职业修养，这也是学生必不可少的一项素质和能力。职业道德要求学生能够乐于奉献、依法行事、爱岗敬业等。职业修养是指学生要具备良好的时间观念，有计划地开展工作，能做好工作总结和工作汇报等。道德让人们的精神境界得以升华，有利于人们进行自我完善和自我改进，能够有效地促进人们的全面发展和整体提升。社会的文明进步和国家的稳定发展，都需要居民具有良好的思想道德素质。当然，本科层次职业教育的受教育者也属于公民的范畴，更需要不断地完善自我，提升自我的道德素质，才能适应社会的发展和进步需要。社会环境、学习活动和实践活动等各种因素都会影响到学生的学习，而且自身的道德体系和心理素质也在这个过程中得以不断养成和提升。

（三）本科层次职业教育人才培养的特征

不同层次、不同类型的人才，其培养途径也有所不同。本科层次职业教育在人才培养方面形成了自己独有的特征。

1. 职业性与发展性相统一

职业性是本科层次职业教育的主要特点。它主要培养学生的技术应用、管理等实践技能，而且要具备职业性的特征，必须和公司单位用人要求、技术类的岗位要求相适应，所以说它是一种具有职业定向的专业技术教育。另外，它作为一种基础性的教育可以促进学生的发展，适配技术岗位的要求，同时看重对学生可持续发展能力的挖掘，这样才能为学生打好职业发展和持续成长的基础，从而提高学生的适应能力，使学生符合职业发展的要求，为走上工作岗位做好准备，它还要求学生同步进行全方位的可持续发展，培养学生的职业性和发展性，是一种持续性、延展性的教育。所以说，本科层次职业教育离不开职业性，更离不开发展性。

2. 应用性与创新性相结合

本科层次职业教育的培养是通过提升认识度的技能培养达到实践能力的培养，使用科技理论解决实践中的问题，达到对技术的运用、维护与管理。在实施过程中，使用自己浓厚的基础理论和较高的能力，挖掘技术的缺失，对目前技术进行研发创新。本科层次职业教育必须是含有技术和创新性的人才培养。在科技发展的时代，科技不断更新，变换速度日新月异，使用能力和创新能力是本科层次职业教育人才培养的重点。通过使用科技转化为生产力，通过创新弥补技术缺失，在使用中提高技术，转变为现实生产力，这也有利于人才职业生涯的规划。

3. 复合性与跨界性相结合

复合是指根据要求将两种或两种以上不同的事物交叉融合在一起，能够产生新的事物、新的功能，它具有一定的变化性、多样性。

本科层次职业教育人才培养的复合性是知识、素质和能力。

在课程开发中对知识进行复合，才能使学生具有宽广的知识结构，以便达到高层次技术应用型人才的要求。如对人文社科等基础知识、相邻专业的知识或将理论知识和应用知识进行复合等，复合和整合相辅相成才能达到教育和培养的目的，把复合的知识理念变成整合的知识架构，进而形成复合的职业能力和综合素养，才能实现教学目的。如果说复合知识作用的外在表现是职业能力，那么内化在学生身上的一种结果则是综合素养。本科层次职业教育是一种通过学校、企业和产业这种产教融合的跨界性方式进行人才培养的教育。所以，职业教育机构应当实行产教结合这种跨界性方式。通过复合性达到本科层次人才培养的基本要求，同时依据跨界性去实现职业教育类型的内在规定原则，所以，在本科层次的职业教育人才培养和实施过程中，通过跨界性等办学主体的合作，学生在实习的过程中，可以将理论和应用知识放在实践中，相互交叉、渗透融合，形成新的职业、创新能力，不断提高各种素质，进而提高学生的整体综合素质。为了达到人才培养目标的要求，不仅需要通过合作来实现复合性的跨界性培养，还要通过复合性支持跨界性的教育活动来完成。

二、类型上属于职业教育

当前我国本科层次职业教育的内在素养和未来发展空间狭隘，以及高等职业教育在高等教育培养中进行的定位模糊概念，都是因为进行了错误的教育划分和分类。如高等教育层次的职业教育，它既是职业教育类型，也是高等教育。高校分类的前提和基础是教育分类，高校的办学理念和办学定位取决于实施何种教育、培养什么样的人才，往往高校定位的不确定是因为教育分类的不合理。所以我国高等教育应包含多种教育类型，应该多样化发展。

（一）国际教育标准分类

联合国教科文组织于 1976 年根据多个国家的国情，组织多个国家的专家制定了《国际教育标准分类法》（ISCED），其基本概念和定义旨在能国际通用，覆盖所有教育系统。1997 年联合国教科文组织对其进行了第一次修订。进入 21 世纪，随着经济全球化和教育国际化，世界各国和地区的教育都发生了很大的变化。为适应这些变化，联合国教科文组织对其进行了第二次修订，并于 2011 年 9 月 5 日第 36 届大会上通过《2011 国际教育标准分类法》（ISCED-2011）修订文本，从而形成第三版国际教育标准分类。

《2011 国际教育标准分类法》由并行的教育课程等级（ISCED 教育课程或 ISCED-P）和受教育程度等级（ISCED 受教育程度或 ISCED-A）两个编码系统构成。ISCED-2011 将教育分为 9 级，其中关于高等教育的分类更加细化，由 1997 年版的两个等级进而细分为短期高等教育（相当于我国专科教育）、学士或等同、硕士或等同和博士或等同四个等级。将 2—8 级教育课程分为普通教育、职业教育两种类型，明确了职业教育与普通教育的分类。职业教育与普通教育一样，是各层级贯通的教育类型，并与普通教育形成交叉，也就是说在受教育者完成本级课程任务时，既可以面向就业市场，也可以进入更高等级的职业教育或普通教育进行进一步的学习深造。接受职业教育的学生不再局限于仅能进入更高一级的职业教育，也可进入更高一级的普通教育学习，普通教育亦是如此，充分实现了职业教育与普通教育的融通。

我国的本科层次职业教育的教育程度等级应属于 6 级学士或等同，在类型上应属于职业教育，符合《2011 国际教育标准分类法》的分类标准和世界教育发展的趋势。《2011 国际教育标准分类法》反映了当前世界教育的发展趋势，为我国本科层次职业教育的定位提供了依据。因此，本科层次职业教育是属于我国高等教育中本科这一教育层次的一种教育类型，不同于这一层次的普通教育。

（二）本科层次职业教育与本科层次普通教育的区别

在高等教育本科这一教育层次中，职业教育与普通教育是两种不同的教育类型，它们有着本质的区别。主要表现在以下几个方面：

1. 教育理念不同

目前我们的教育实践取决于教育理念。由于教育实践的核心是用教育理念来支撑，这也要求人们对于教育活动的理性认识、教育培养的理想追求及其所形成的教育价值观与美好的追求有一定的研究。当前的职业技术教育包含了本科层次职业教育，它的覆盖面更广。而且高新技术产业的发展也促进了劳动者对技能要求的提升。随着学生对技术知识学习的渴望和技能的锻炼越来越多，考验了我们需要更多更充分的科学理论作为依据和支撑。而目前的本科层次职业教育则是以某职业岗位特定人群的人才作为教育培养及出发点，通过职业素养能力和实践中的技能来培养学生，重点解决学生对技术知识的实践能力，并且围绕解决“做什么”和“怎么做”的问题开展讨论。而本科层次普通教育实施的则是以专业知识的教育、学术类型的教育为主。不仅仅以学科理论知识为基础和底线，还按照一系列的学科理论体系框架来设置专业、建设课程、组织教学，重点是要让学生从中去理解和掌握专业理论知识，培养学生认识世界的能力，解决了“是什么”和“为什么”的基础性和根本性问题，同时还强调理论知识的系统性和完整性相结合，缺一不可。现实中即便如医生、律师等这些具有职业定向的职业，也必须要有一定的实践经验要求，要求学生们不仅对理论知识系统深入掌握，还要按实际情况加以运用。因为他们的岗位工作内容是不可预见的。好比律师打官司，同一类案件因处理思路不同而结果不同，这就需要进行专业知识理论的思考，进而判断处理，得到最终的处理结果。

2. 人才培养目标、方式不同

首先是培养目标不同。本科层次职业教育主要培养高层次技术应用型人才，以便胜任某类工作，并巧妙运用专业知识解决实际产生的问题，从而发展成高级技术应用型人才。而本科层次普通教育主要培养学术型人才，对所在学科领域的基本理论和专业知识融会贯通，并能在工作实践中进行判断，从而做出处理，进一步对本学科进行基础研究和开发，以便增加和发展学科知识。

其次是培养方式也不同。一是体现在专业设置上。本科层次职业教育是以企业实际需求和岗位群的变化进行专业的设置，这就相当考验其定向性和灵活处理性；本科层次普通教育则按现成的、已有的学科知识理论体系来设置专业课程，这就对学术性、稳定性的要求比较高。二是体现在课程建设上。本科层次职业教育开展的主要是多元化复合整合型教学课程模式，强调对基础理论知识、相似的专业理论知识等进行匹配适应和加以融合，从而扩宽学生的专业知识面，拓宽学生的视野，还使学生在实践中对基础理论知识加以应用和渗透掌握；本科层次普通教育的课程设置则主要以学科理论知识为基础，并且更多强调理论知识结构的专业性与完整性，两者需要互相匹配和融合，并且通过实践对理论加以验证。

3. 办学体制不同

本科层次职业教育的跨界性，取决于它的办学体制，因为需要与企业合作，所以其专业设置、课程建设、实践教学等全过程都有企业参与，只有这样，本科层次职业教育才能生存下去。而本科层次普通教育更注重学术性的研究与发展，局限于某一区域，更具封闭性。

4. 专业教师队伍不同

本科层次职业教育对“双师型”教师比例有一定要求，必须有部分兼职教师；而本科层次普通教育的教师主要以理论型教师为主，对教师的学术水平要求较高，反而兼职教师较少。

5. 生源不同

生源上也有很大的区别，本科层次职业教育的生源广泛，辐射面广，中专的职业教育、专科的职业教育这些毕业生以及在社会上工作多年的劳动人员，甚至是普通高中教育的毕业生都会成为其生源；而本科层次普通教育的生源较为单一，学生来源狭小，主要以普通高中教育毕业生为主。这也就导致了两者的教学模式和方式的不同。

三、层次上属于本科教育

（一）国际上职业教育人才培养层次高移

国际职业教育发展逐步向高层次化转移，这也是职业教育内部发展规律的一种重要体现。本科层次职业教育在全球范围内得到了迅速的发展，甚至成为很多发达国家经济发展的重要途径，这也是社会经济发展到一定阶段必然会产生的一种结果，它不会受到主观意志的影响。

高等教育规模的不断发展和扩大，专科层次职业教育的发展也获得了教育部的高度重视，四年制本科层次职业教育专业试点也开始小面积地执行，且获得了一些宝贵的经验和教训。国内的职业教育也逐步向本科层次转移，从而有利于国家的职业教育和国际职业教育发展相统一。

（二）本科层次职业教育与专科层次职业教育的不同

本科层次职业教育与专科层次职业教育主要区别在于：

（1）技能要求不同。本科层次职业教育在生产、建设、管理和服务第一线的目标是培养技师，这和国家职业资格证书的二级有同等功能，高级技术员的培养是专科层次职业教育的主要目标，这和职业资格证书的三级功能类似。当然国内的职业资格证书和学历证书还未产生明确的对等关系。工作现场对技师和高级技术员有着不同的要求。培养具有一定的实践操作能力，能够迅速适应岗位要求并符合企业对高级技术人才的需求是专科层次职业教育的主要目标。培养技术知识密集型企业和高新技术产业对技术应用型人才的需求，并培养出能够熟练使用、管理和维护新技术的人才是本科层次职业教育的培养目标。

专科层次职业教育的目的是针对某一项技术工作岗位需求而进行人才培养，本科层次职业教育与其不同，它主要是为衔接专科层次人才培养目标，进行专业领域岗位群高层次技术应用型人才培养而提供服务的。和专科层次职业教育培养人才比起来，本科层次职业教育的目标是培养更高技术力量水平和更高技术应用能力的人才，为此需要具备更深的复合理论知识和更高的技能水平，较好的管理能力和发展后劲也是必不可少的。这样才能适应时代的发展和社会的需求。

（2）培养方式不同。

本科层次职业教育和专科层次职业教育有着不同的技能要求，具体表现在：

第一，专业设置上。二者具有不同的人才培养要求和特征，具体表现在，本科层次职业教育的专科口径比专科层次职业教育更为广阔，这样一来，就更好衔接了专科层次职业教育的专业需求，满足了频繁的职业岗位变动需要，促进了人才的社会适应能力发展。随着社会经济和科学技术的发展提速，职业岗位变动更为频繁，所以需要人才具有更好的适应能力和可持续发展能力。本科层次职业教育就是为了这一需求而产生的，它将各科的专科层次职业教育专业进行了整合，其专业设置更为广泛。

第二，在课程建设上。和专科层次职业教育不同的是，本科层次职业教育具有更深更广的理论课程知识和内容。专科层次职业教育是基于某种职业需求而产生的，所以只掌握了够用的基础理论知识即可。而这一需求还远远达不到本科层次职业教育人才培养的目标，所以增加理论知识的深度和广度也是本科层次职业教育的一个重要特征。在课程设置上，就需要专业理论知识具有更好的系统性和联想性，较好地整合相近学科的课程内容，这样才能提高学术综合能力和实际解决复杂问题能力，从而更好地促进人才职业发展和转岗需求的满足。

第三，在教学上。本科层次职业教育更加侧重理论教学和实践教学的重要性，这样有利于人才更好地适应岗位群换岗的需求。理论教学的强化是本科层次职业教育区别于专科层次职业教育的一个重要特征，当然这里所说的理论教学并不仅仅包括理论知识的学习，更需要能够灵活运用各项知识，以促进实际解决各种技术问题能力的提升，促进学生对理论的掌握和实际应用，促进学生综合技能的提升。而专科层次职业教育在理论教学上并没有如此重视，而是更加侧重学生的实践能力培养，往往忽视了学生的理论知识教育。

第二节　本科层次职业教育的人才培养

一、本科层次职业教育人才培养的目标

本科层次人才培养的改革和创新是建立在清晰的人才培养目标之上的。随着教育性和职业性融合程度的提升，职业教育培养目标逐步开始分三步走：首先是技术人，其次是职业人，最后是完整人。

（一）“技术人”

培养职业本科“技术人”可以归纳为“一核四性”。即核心为培养学生的技术应用能力。本科层次的职业教育需要学生掌握专业领域的技术应用能力，也就是说既要掌握技术知识，也需要掌握技术知识的实际运用，具备较好的问题发现、分析和解决能力，可以对初级技术员提供指导、咨询和培训服务，同时还要具备运用自己的专业领域技术知识来解决问题的能力。而“四性”则是由“应用性”“层次性”“创新性”以及“复合性”组成。

第一，强调“应用性”。职业本科“技术人”具有智能性，一些复杂、系统的技术实践活动都需要其完成，因此要求他们具备较好的理论知识基础和较好的实践能力，而且这种系统性和完整性也不完全等同于科学型和工程型人才，它是在《中华人民共和国高等教育法》要求下培养的具有本科层次的专业基本技能、方法和相关知识的人才，它更重视培养学生的知识应用能力和实践能力。

第二，强调“层次性”。首先本科层次职业教育对于国家的“中职到高职到职业本科到专业硕士到专业博士”一体化培养体系的发展中有着承前启后的作用，所以上下连贯、左右沟通是对“技术人”培养的基本目标；其次，对“技术人”的理论知识、综合素质以及实践能力有着越来越高的要求，是一种形成性和预备性的教育模式，是匹配于个体成长和职业技能发展需要的。

第三，强调“创新性”。职业本科的培养目标也逐渐由主动设计性“技术人”逐步取代了被动适应性“技术人”，也就是说其培养目标不仅仅停留在让人才适应技术发展上，更需要推动技术发展和创新。这就需要“技术人”掌握一定的理论创新能力，并能总结实践过程中的经验和教训，促进技术创新和发展。

第四，强调“复合性”。首先，从技术本身的角度来说，目前主要是以综合协同生产为核心内容，现代技术体系通常包括三个部分：一是一般技术；二是基础技术；三是核心技术，职业本科“技术人“不仅需要具备较好的专业领域核心技术，也需要掌握一般性技术和基础性技术。既要具备技术知识，也需要掌握基础许可知识，人文社科知识和应用科学知识等。其次，从“三元论”哲学的角度来说，科学、技术以及工程之间有着相互作用、相互转化的关系，随着社会经济的不断发展，这三者之间的关系将不断加深，也可能出现互相融合的关系，这也使得区分人才的知识和能力结构没有清晰的界限。职业本科“技术人”培养也需要顺应这个社会发展趋势，做好技术和科学、知识和技术、技术和技能的复合准备工作。

（二）“职业人”

“五个特征”和“两个维度”原则是指导职业本科“职业人”的重要引导原则，职业是“技术人”体现自我价值的一个重要途径，“技术人”发展到一定阶段必然会产生“职业人”，这也是“技术人”培养的最终目标。职业本科教育既要对技术知识和技术技能培养予以关注，也要提升职业核心素养，从而确保“职业人”培养和职业教育教学目标的统一性。这一要求也能有效促进“技术人”的培养，并能将职业教育和普通教育区分开来。

第一，职业本科“职业人”的核心素养更加彰显五个特征。一是通用性，职业核心素养是针对所有职业和岗位的，是“技术人”培养不可或缺的重要能力，也是区别“职业人”和“技术人”的重要标准。二是综合性，职业核心素养是集分析能力、操作能力、判断能力及问题解决能力于一体的一种非专业技术层面的综合能力。三是阶段性，职业人在各个阶段的学习区域和工作行为各有不同，它受个体成长和职业时间阶段的影响较为严重。所以针对不同的阶段，要制定不同的培养侧重点和重点目标。四是内在性，自我构建是职业核心素养的关键内容，它是通过不断的学习、实践、积累和反思而形成的，这也是“职业人”发展的一个重要标志。五是终身性，这是指“职业人”一旦形成了职业核心素养，将会影响其整个职业生涯，不管岗位如何变化，职业如何改变，都不会消失不见，甚至还能帮助“职业人”更好地适应新的职业和新的岗位。

第二，职业本科“职业人”的核心素养更加体现促进自我成长和服务社会发展两个维度的辩证统一。首先从自我成长的促进上来说，职业教育功能主要具有“生涯导向”作用，需要依据学生未来成长的价值理性需求来进行职业核心素养的培养，即要培养学生的学习能力、人文素养能力、解决问题的能力，语言沟通能力以及自我管理能力；其次是从服务社会的角度来说，职业教育社会功能主要表现在“职业导向”方面，这需要根据社会需求的工具理性培养学生的职业核心素养，主要包括学生的创新创业能力、就业能力、团队协作能力、社会责任、职业价值观等各个方面的培养。

（三）“完整人”

培养职业本科“完整人”需要协调好个体完整和社会完整的关系。职业教育的本质是融合其教育性和职业性，从“技术人”的培养发展到“职业人”最终到“完整人”，也体现了职业教育性和职业性的跨界融合目标实现。在培养“完整人”的时候，也需要看到其教育性和职业性之间相互作用的关系，个体完整是职业本科教育性的主要体现，社会完整是职业本科职业性的主要体现。

第一，个体完整是职业本科“完整人”培养的基础。职业本科教育发展的一个重要动力是社会主力矛盾的变化，社会转型和个体完整、社会完整之间的关系是不可分割的，因此职业本科人才培养的基础在于个体完整性培养，个体完整也是社会完整的基础和前提所在。个体完整由两个层面的内容组成：首先是完整的“技术人”；其次是完整的“职业人”，技术知识、技术思维、技术素质、技术人文素养等都是完整技术人所必须具备的。在完整“技术人”的基础上，还要提升学生的精神境界，如此才能确保“职业人”培养的完整性。

第二，社会完整是职业本科“完整人”培养的核心。职业本科完整“技术人”和“职业人”培养最终是为了实现社会改造，这也是实现“社会完整”的一个重要举措。随着社会改造的不断推进，职业环境和其他主体的不断变化，“技术人”和“完整人”也不断上升到新的层面，这对于社会经济的发展具有一定的推动作用。为此职业本科发展和构建现代职业教育体系都是为了更好地连接“个体完整”和“社会完整”。所以，这也说明，职业本科教育的原则是人人都有机会，它是一种开放性的、终身性的教育。

二、本科层次职业教育的人才培养路径

对于本科层次的职业教育来说，要想提高人才培养的质量，其所设置的人才培养目标必须具有鲜明的特色，这是非常重要的。同时，也要建立健全外部保障体系，在育人生态方面，要建立起全新的政校行企协同机制，针对本科层次的职业教育者，加深对于自我的身份及生存立场进行强化，通过极具特色的类型特征，对自我价值进行彰显。

（一）健全人才培养保障体系

首先，对中国特色现代职业教育理论体系进行完善，使其能够满足类型发展的需求，进而对新时代下我国的职业教育类型发展价值取向及本质特征进行明确。职业教育是教育类型的一种，从其价值取向及本质特征来看，它和其他教育类型是有所区别的。在不同的社会发展时期，不同的国家在政治方面的需求不同，在社会及文化方面的需求也有所区别，这就导致不同的国家在动力机制方面也表现出差异，进而使职业教育系统的特征也不尽相同。所以，我们必须立足于我国自身的政治需求、经济需求及社会文化需求，结合系统演进的情况，针对历史发展阶段不同时期的不同特点，如产生、嬗变、升华等，对发展的逻辑及其本质特征进行探索、明确，

只有以此为基础和前提，我们才能对职业教育的发展规律进行揭示，并对其类型发展进行推动，也只有这样，才能从根本上保证“学术漂移”这种情况尽可能少地出现，确保人才培养模式切实有效。

其次，对于职业本科建设的标准化体系以及未来发展的政策保障体系，要进行全面加强。第一，针对职业教育类型的各个发展要素，对其标准化建设进程要积极进行推进，使职业教育的质量提升中标准的基础性作用得到充分发挥，使实践真正行之有效，成果能够获得推广应用。职业教育的类型发展在教育质量上必须与普通教育保持同等水平，要建立起覆盖全程的评价标准及对应的学位体系，使我国的职业教育在人才培养质量方面进行全面提升能够有据可依；第二，《中华人民共和国职业教育法》进行了修订，国务院也于 2019 年印发了《国家职业教育改革实施文案》，以此为契机，对职业教育和普通教育、终身教育等各个教育类型的融合政策进行制定并实施，对国家资历框架进行建立，对学分银行管理制度进行建立健全，对于产教融合财政政策、企业行业社会组织等参与办学的相关政策积极推动其落地实施，对职业教育的招生制度、学位制度以及职业本科的设置和评价规定等进行建立健全，围绕这一系列法律法规政策，建立健全职业教育类型发展基本制度，使其具备较强的约束性、规范性和可操作性，确保其科学性，切实提升其保障性。

再次，对产教融合、校企合作等政策进行完善，对工作机制进行创新，对外部资源进行广泛吸纳，使其充分参与到办学中来。第一，对于参与主体，要拓展其广度，围绕“全要素”进行产教融合改革，使地方政府的主导作用能够得到更加充分的发挥，使教育界与产业界的利益关系得到很好的协调。第二，广度、深度、效度是产教融合的几大核心，围绕着这些内容，在对专业进行建设、对实验实训基地和人才培养及技能鉴定中心进行建立、制定人才培养方向、设备基地的共享共建等方面，加强企业的参与，同时在技术工艺难题的探索解决方面加强校企协同合作，使企业在人才培养的方方面面都能深度参与其中。第三，对于校企合作的相关品牌，要加大投入，提升其知名度，对于上市公司、区域龙头骨干企业、国有企业、国家级高新技术企业等公司企业以及产业联盟、行业协会等组织，可以广泛开展合作，使学校成为产业行业中独具地方特色的学院，使学生的技术水平和能力在实践过程中切实得到提升，使人才培养质量得到进一步提升，为社会输送更多合格的“职业人”和“技术人”。

最后，围绕国家资历框架和学分银行等核心内容，对相关评价体系进行构建。对于新时期的职业教育人才评价体系改革来说，1+X 证书制度是其核心内容，而要想对 1+X 证书制度进行构建，离不开一个基础架构，即国家资历框架和学分银行。第一，从国家资历框架及学分银行的实际要求出发，围绕从“职业人”“技术人”到“完整人”的职业本科培养目标，对与之相匹配的人才评价标准进行探索和建立。第二，对 1+X 证书制度进行建立和完善，在职业本科教育的发展过程中，使其充分发挥产教融合“黏合剂”作用，真正承担起职普融合“立交桥”、中高本一体化贯通“连接器”的职能，成为终身学习的切实“保障者”，从招生、培养、评价、就业、培训等方方面面，使职业本科教育的全过程得到深化改革。第三，围绕着区域学分银行建设这一核心，着重发力，并联合地方政府以及行业龙头企业，对学习成果认证平台进行打造，使其适用面更加广阔。

（二）构建新型育人生态

对于职业本科来说，要想使人才培养的质量得到提升，首先要对四个外部保障体系进行建立健全，并以此为基础，对“五位一体”的新型育人生态进行构建，即政校行企协同的新型生态，其所涉及的主要内容有：新“三教”体系和高质量课程体系的构建、专业设置和建设高水平专业群、人才培养质量和职业综合素质培养的评价等。

其一，围绕“两新”这一突出重点，对育人生态的构建理念进行更新。

首先，要紧抓为“新产业”进行服务这一重点，对战略新产业及新业态发展趋势等给予重点关注，对专业群内的专业进行调整或者增加，对人才培养的定位进行优化调整，将新技术、新流程、新工艺等引入教材当中，加快学校教育链和国家、区域的高端产业人才链之间的对接推进。其次，围绕对“新模式”进行打造这一关键着力点，对办学模式和体制进行创新改革，对于社会力量，要给予更多优惠吸引其参与到办学当中，对政校行企的命运共同体进行着力打造和强化，使区域产业的发展与职业教育的发展之间形成良性互动关系，进而对“三教”体系的改革进行推动，使科学研究、人才培养和社会服务之间能够实现高质量的协同发展，最终使专业群的服务能力及集聚效应都能得到有效提升。

其二，把职业当作一种载体，对新型育人生态中各个核心要素的融合进行加强。第一，职业教育的标准是通过职业内涵进行规范的，而相比于其他的教育类型，职业教育和职业之间的联系更加密切，对“五位一体”的职业本科新型育人生态进行构建的核心要素，是从工作过程和职业中提炼出来的，因此，我们在对新型育人生态进行构建时，对于核心要素和职业之间的融合程度一定要给予重点关注。第二，在进行人才培养时，要想学生顺利地从一个自然人转变成一个合格的“职业人”“技术人”，围绕着教育这一实际目的而开展的职业实践是一个非常关键的途径，因此，构建新型育人生态时，要想使人才培养的质量得到有效提升，就一定要重视和加强职业实践在其中所能发挥的作用。

其三，在对新型育人生态的主体进行重塑时，要紧紧围绕学生这一中心。职业本科是对“职业人”“技术人”进行培养的，因此对缄默知识的传递及实践学习更加重视，对于参与学习的人员的个体差异及多种多样的个性发展可能，应给予承认和充分的尊重。首先，在对新型育人生态进行构建时，对于学生的主体地位要重点关注、着重进行塑造，让学生拥有良好的内在驱动力，并能更好地对个体主观能动性进行发挥。其次，要对泛在的学习环境进行构建，对过去的教学模式及评价模式进行改革重建，让学生的学习环境更加灵活、自在、自主、高效。再次，对于个体完整和社会完整之间的辩证统一关系，要充分重视，除了要对“社会性”的共同价值进行追求之外，也要对“个性化”成长过程中的创新特色进行不断探索和追求。

其四，针对新型育人生态的目标，要围绕着内涵这一根本进行锚定。在建设职业本科的新型育人生态时，要围绕着两个根本进行，即人的内涵式发展以及学校的内涵式发展。关于人的内涵式发展，在对其进行加强时，有四个原则是必须要遵循的，即育人为本、技术为重、德育为先、全面而个性化发展，要围绕着“三人递进”这一核心，以服务生产、服务、管理、建设一线为主要目标，对具有高素质、高技能技术、高层次的技术应用型人才进行培养，使其拥有国际视野、极强的职业实践能力和技术应用能力，具备良好的“工匠精神、创新精神、敬业精神、劳模精神”，为地方的经济社会发展提供更好的服务。在对学校的内涵式发展进行推进时，要围绕着建设高水平专业群这一核心抓手，对与职业本科发展息息相关的教育教学模式的改革、教材和课程的建设、基地的建设、新“三教”的改革创新以及三全育人等各个方面给予充分重视，争取在这些方面都能形成具有标志性的成果。

其五，围绕着数据这一核心要素，在新型育人生态的构建方面加强其信息化建设。首先，对于职业教育的特色，要进行充分了解，对于新兴的信息技术，积极主动进行学习，并以此为基础，对信息化的教育环境进行构建，使其具有真实化、智能化等特点，使教学过程中的时空束缚被打破，对生态系统的重构进行推动，包括资源重组、知识迭代更新以及新型师生关系的建立等；围绕着学生的生涯成长这一主线，即从“职业人”“技术人”到“完整人”的这一过程，对其中涉及的所有动态数据信息进行跟踪收集，包括学校、教师、学生信息以及专业、课程信息等，对“互联网+”

形式的学分银行信息平台进行创建和管理，使新型育人生态的信息化、数字化建设能够覆盖职业本科教育的全过程、全方位。

其六，建立督导制度，使新型育人生态能够确保有效。首先，要对本科职业教育的特点进行充分了解和认识，对人才培养质量的保障体系进行探索和建立健全，做到“全面质量管理，突出过程控制”，使“督教、督学、督管”能够做到三维同步，“导教、导学、导改”做到共同推进，使质量督导工作机制能够有考核、有监督、有验收、有反馈。其次，对于适应职业本科特点的人才培养质量督导队伍，要加强建设，使职业本科督导人员的选拔标准、建设目标等更加明确，对职业本科督导队伍的培育培训机制进行创新改革，使职业本科督导队伍的考核评价制度更加科学、合理、高效。

第三节　本科层次职业教育的发展与保障

一、本科层次职业教育的发展原则

发展是一个不断变化的运动过程，我国本科层次职业教育的发展应坚持“遵循规律、适应发展，面向需求，服务经济”的原则。

（一）遵循规律原则

本科层次职业教育的发展应该依照高等教育和职业教育的内部发展规律。职业教育是有着自身发展规律和提升空间的教育，因为技术水平的日渐提高，导致对就业人员的技能要求也变得日趋复杂，与此相应的人才培养层次也随之水涨船高。职业教育的目标主要有：一是促进职业学生的成长；二是促动人才培养层次的提升；三是促使职业教育体系结构和功能的完善。目前我国高等教育的发展历程和现状呈现单一性，应致力于教育质量的提升。职业教育是一种跨界的教育，因此本科层次职业教育发展必须具有跨界的思维方式，做到不拘于学校，加强学校与外部世界的合作交流，逐渐形成共同办学、合作育人的良性发展体系。[①] 本科层次职业教育应努力提高教育质量，促进高等教育的协调发展。

（二）适应发展原则

本科层次职业教育的发展应适应我国经济发展和产业发展的现状，而非为政策而动。我国各地社会经济发展水平不同，不一样的产业类型的专业化发展程度也存在差异，这造成了教育发展的失衡和多元。在一些高新技术产业，如电子信息、生物科技、海洋工程等，因其拥有较先进的技术、较密集的知识，从而对从业人员的综合素质及技能水平均提出了较高的要求，也更需要高层次的技术人才，本科层次职业教育的发展空间较大。而在一些传统产业，如煤炭、钢铁、纺织等，受发展趋势放缓的影响，并不迫切需求该方向的高层次技术应用型人才。

（三）面向需求原则

有需求才有发展，需求是发展的最大动力。本科层次职业教育的发展所面临的需求涵盖多方面。受社会经济转型升级的影响，技术应用型人才的需求日渐增加，本科层次职业教育对此类人才的培养需求变得更为迫切；我国高新技术的应用与发展，促使技术在企业发展中的占比和影响均逐渐增长，要求从业者具备更高的技能水平和综合素养，对提升职业教育人才培养层次提出更迫切的需求；随着人们生活质量的整体提升，对高等

①姜大源．现代职业教育与国家资格框架构建［J］．中国职业技术教育，2014(21)．

教育的需求也逐渐多元化，部分人民群众为提升自己的人生价值和发展，需要接受更高层次的职业教育，这在一定程度上，也推动着本科层次职业教育的发展。基于这些需求，本科层次职业教育的发展和人才培养，均需要在专业设置、课程建设、教学方式、师资培养等方面，以企业的用人需求为导向并兼顾个人发展。

（四）服务经济原则

追本溯源，社会经济和科学技术发展水平决定了本科层次职业教育发展的速度和规模。根据我国当下的社会发展现状，应以市场规律为准绳，着重强调本科层次职业教育服务经济发展的作用。

以此原则为导向，我国本科层次职业教育体现出适应性、多样性、先进性等发展特征。适应性是指本科层次职业教育的发展需满足社会发展和人的成长需要，因此必须要适应社会经济发展和产业发展状况，要适应经济和科技发展水平；多样性是指本科层次职业教育的发展需围绕发展目标，开展多样化的发展路径和办学形式；先进性是指本科层次职业教育的发展需要扩展职业学生的成长渠道，打通与其他类别的教育互通，实现与中职、专科高职、专业硕士的纵向衔接，从而为社会发展培养技术应用型人才。

二、本科层次职业教育的发展方式

职业教育被发达国家和地区誉为促进经济发展和提高国家竞争力的“秘密武器”，它不仅是与经济发展联系最为紧密的教育类型，而且在当今时代又被赋予前所未有的关注度。构建现代职业教育体系是未来十年我国职业教育改革和发展的重要战略任务，已上升为国家发展战略。当前，职业教育发展仍处于弱势地位的客观现实，与政府的高度关注所产生的矛盾，使职业教育的发展路途，既存在挑战，又充满机遇。我国本科层次职业教育应坚持的发展方式是“纵向单轨、横向双元”。

“纵向单轨”，意思是在同一高等教育体系中，高等职业教育和高等普通教育的地位和对应的层级同等重要。主要实施高等职业教育与实施高等普通教育的高校类型不同，但等级相同。它们拥有同样的权利，同等的法律地位、学术地位和社会地位。“纵向单轨”可以提高职业教育地位，弱化“职业院校”标签，使职业教育不再陷入更加弱化的被动局面。同时，高等职业教育应增强其特色，防止高校趋同化发展。所以，我们要以“纵向单轨”为基础，同时还应坚持“横向双元”。“横向双元”即以高等教育资源为立足点，着眼于同一办学层次中高等院校分工的适度性和合理性，同步趋向于举办职业教育的高等院校和普通教育的高等院校，促进高等院校找准其正确的定位，促进高校的个性化发展，避免高等教育的失衡。在高等教育体系中，本科层次的职业教育和普通教育统筹布局，和谐发展，一定程度上削弱了“重学轻术”等传统观念的影响，在高校个性化、特色化发展方面，以及高等教育的质量和效益提升方面均起到了积极的作用。

“纵向单轨、横向双元”的发展方式不仅减弱了“职业院校”的标签影响，更增强了职业教育特色，助力我国本科层次职业教育有的放矢地前行。

三、本科层次职业教育的发展路径

（一）依托本科教育资源

我国的本科教育发展存在数量和质量上的不匹配。具体表现为其规模已接近饱和，数量可基本满足社会发展的需要，但人才供给结构与市场人才需求结构的不匹配，造成其质量上远不能满足社会发展需要。部分地方本科高校发展定位模糊不合理，这不仅造成本科教育资源的浪费，而且一定程度上降低了高等教育资源的利用效率。因此，本科层次职业教育的主要发展路径必须依托本科教育资源，调整和优化高等教育结构，促进高等院校特色发展。在此路径下，本研究主要提出两种实现形式：一是部分地方本科高校向应用技术大学转型；二是重点高校举办本科职业教育专业。

（二）整合专科层次职业教育优势资源

虽然我国本科教育规模已接近饱和，但是地方本科高校受自身教育理念、管理体制、人才培养等因素的影响，无法完全承担本科层次职业教育的发展任务。20 世纪末，我国专科职业院校就与普通高校进行联合培养，试办本科层次职业教育专业。经过多年的发展，其中的部分专科职业院校已形成自身的品牌特色，并具备较为雄厚的办学实力。我们应充分利用这些优势教育资源，逐步发展本科层次职业教育。这在高等教育资源配置的优化、资源利用的效率提升方面均具有重要意义。不仅可以促进与中等、专科层次职业教育的有效衔接，而且还能为专科职业院校积累本科层次的办学经验。整合专科层次职业教育优势资源发展本科层次职业教育，可以通过专科职业院校试办本科专业、专科职业院校升格为单科型或多科型应用技术大学等方式得以实现。

（三）利用新兴产业优势资源

通过改造传统产业，以及高新技术产业化、公益事业产业化等，形成了新兴产业，如节能环保、新兴信息产业、生物产业、新能源、高端装备制造业和新材料等。这些新兴产业和技术的产业化发展，均离不开科学技术研发人才和新技术应用实践人才，离不开对技术的使用、管理、咨询的高层次技术应用型人才。这使得本科层次职业教育的作用更加重要，因此教育部也发出“加大对新兴产业人才的培养”的通知。

新兴产业具有涉及技术门类多、产业关联度强、科技含量高、知识相互交叉渗透率高等特点，这对从业人员的技能水平、综合素质要求都提出了较高的要求。但由于新兴产业发展时间尚短，当前的学历职业教育尚不能满足部分新兴产业的人才需要。因此我们需要充分利用新兴产业优势资源，建立现代企业大学，开展本科层次的学校职业资格教育，培养新兴产业所需的高层次技术应用型人才，以弥补本科层次学历职业教育的不足。

四、本科层次职业教育发展的保障

（一）完善本科层次职业教育相关法律法规建设

本科层次职业教育发展的基础是完善相关法律法规。除了要从整体架构来完善、修订法律外，还要注意对整体的细节进行把控。本科层次职业教育发展的整体框架要以宏观层面为主要指导方向，在细节方面要以中观、宏观层面为指导思想，充分结合整体和细节，横向和纵向，对相关法律法规进行明确，完善整体的适应性和可操作性。要利用立法手段，让法律充分保障国家意志性、规范性和强制性，营造良好的教育保障环境，保障本科层次职业教育的良性发展。

1. 完善宏观层面法律法规建设

本科层次职业教育的发展在发达国家和地区的主要保障来源于及时完善的法律法规，教育发展的每一步都有相关配套的法律法规修订来保障，促进教育改革的顺利实施。在不断完善和修订相关法律法规的过程中，也逐渐明确了职业教育法律的内容，加强了可操作性。在中国，职业教育法律的现状是，颁布实施近20年的《职业教育法》充分保障了职业教育改革，但是没有跟上时代和社会的发展步伐，呈现出了职责不明确、内容不明确、特色不突出的重点问题。颁布实施近20年的《高等教育法》也出现了不适合现代社会发展的问题，比如，政府没有及时处理好与大学的关系、高校自主权没有落实，更没有得到扩大等问题最为显著。

当前国家也正在组织有关部门积极研讨有关《职业教育法》和《高等教育》的修订工作。在修订《职业教育法》时，应在法律层面落实《关于加快发展现代职业教育的决定》《现代职业教育体系建设规划（2014—2020）》等政策文件所提出的——要发展本科层次职业教育的政策方针。修订《高等教育法》时，要明确本科层次职业教育在高等教育中的法律地位，明确应用技术大学与普通高校同等的法律地位。

2. 完善中观层面的横向法律法规建设

在本科层次职业教育办学中，办学主体主要有政府、高校、行业企业等，各主体之间的法律关系比较复杂，国家要通过各项法律法规来对本科层次职业教育相关主体之间的关系进行规范、调整和控制。

一方面，高校办学自主权要扩大。要改变原有的思维，计划体制已经不适用，要改变政府“全能型”的管理职能，要加强市场机制对资源的配置作用，充分提高高校的办学自主权。要充分发挥市场机制的调节作用，促进高校加强活力和动力，让高校充分适应市场的变化，对高校人才培养和社会需求之间的匹配度进行提高，充分平衡供需结构。① 另一方面，高校要充分发挥行业指导委员会的作用，全面提高本科层次职业教育办学中的行业作用，加强参与度和咨询度。行业指导委员会的主要作用是：人才需求评测、行业政策规划和落实、行业人才培养等方面的咨询职能。对职业教育发展中行业的权责进行明确，明确行业在职业教育发展中的权责，强化行业在职业教育的科研、教学、管理、师资培养等过程中的监督作用。企业应承担的职业教育责任应被纳入祛律条文中，通过制定“教育企业”相关标准来规范行业职责，明确规定哪些企业能够直接参与到职业教育人才培养的过程中。

① 冯向东．高等教育结构：博弈中的建构 [J]．高等教育研究，2005（5）．

3. 把握细节性法律法规建设

（1）健全本科层次职业教育的考试招生法律法规。

中国考试发展的规律是确保考试公正和公平。要培养多元化的价值观念，要秉承公正、公平的客观原则。

第一，各方面的职能要明确。要成立职业教育考试中心，职能是研究统一职业教育考试的相关工作；根据学校的发展和特色，对本科职业院校的招生自主权进行扩张，并可设立自己的人才选拔机制、考试科目等。

第二，入学方式上要开展多元化模式，发展技能高考。传统的“学术至上，文凭第一”的理念已经不适合现代社会的发展，应该按照不同的人才类型来探知需求，进行分类、选拔，以此来减缓考生的升学压力。本科层次职业教育考试也可以进行分类考试规则，主要的自主招生方式是通过技能考试。技能考试的基础是“职业技能”，在考试内容上要适应中等层次和专科层次的职业素质教育，而不是针对高中毕业的学生开展培养。还要加入第四级教育，为中等职业院校、高中应届毕业生等提供接受本科层次职业教育的机会，反过来也能够提供更多优质的生源给本科层次职业教育，合理转换普通教育和职业教育。

第三，招生计划分配方式要得到改进。在本科层次职业教育中，不管是什么形式都要在入口关严格把控，衔接好中等职业教育和专科职业教育的关系。办学质量的重要影响因素之一是生源素质，要充分保障本科层次职业教育的生源质量，不断积累技术技能，加强建设集技能和知识为一体的职业教育体系。各种类型的本科层次职业教育名额比例要明确，生源主体以职业教育为主，少部分以高中生源为主。适当对报考条件进行放宽，除应届毕业生外，对具有一定实践经验的往届毕业生也可以选择。针对少数民族、偏远地区、教育不发达地区等弱势群体的教育也要配置一定比例。

（2）完善本科层次职业教育师资建设。

第一，要明确本科层次职业教育涉及的各种类型教师的相关资格标准，建立相关评聘标准和教师管理体制。针对专业教师，除了学历上要求硕士及以上学历水平，还要要求相关职业资格，在实践经历上还要求具有相关领域三年及以上相关经验；针对学术领军人，教授或副教授职称是基本要求，需要具有本科相关领域的二到三项科研课题，在实践经历上还需要具备相关领域五年以上相关经验；针对学校行政管理人员，学历上至少本科及以上水平，实践经历上需要具备学生管理相关工作一年以上经验。管理高校人员要按照分类动态的方式，这样管理会更加具有特色，又可全面提升学校的教学管理效率。

第二，对高校和企业的交流机制进行完善。我国本科层次职业教育教师存在的共同问题是：理论知识扎实的教师实践经验缺乏，实践经验丰富的教师缺乏学历支撑，所以要对本科职业院校人事管理自主权进行扩展，对相关教师开展培训，以适应教师在企业中的发展，如进行脱产学习和在岗培训等，采用自主评聘机制来选拔企业人员进入学校任教，以此来提高高校师资力量，建立企业高级管理人员和高水平技术人员与高校的关系。根据校企各自的优势，高校青年教师可以到企业去实践，企业专家、高技术人才可以到学校去挂职任教，参与到高校人才的培养中；企业还可以聘请高校的专业学者入住企业提供顾问服务，参与到企业的生产和实践过程中。

第三，对师德建设长效机制进行建立和完善。师德师范需要具有个性化和可操作性。自律是他律的基础，师德建设的基础就是师德师范。师德师范的统一、规范、个性化、具象化、统一化标准是将其推行到不同区域、不同行业的前提。尽管不同的区域、行业在具体要求的目标、细节和相关责任方面存在差异，但最终都是以建设教师普遍认同的教师行业准则为目的。教师的师德评价机制要及时完善。评价机制的主要驱动是利益，这也是建立高校师德评价机制不可或缺的因素。因此，师德评价指标体系中也要做好利益激励机制，在教师考核硬性指标中，重点参考师德评价结果，并将其与教师晋升、工资、职务聘任等相结合。这也是师德建设最核心的方法。

（二）增加本科层次职业教育经费投入

本科层次职业教育是一种非义务教育，其发展的基础是教育经费投入。本科层次职业教育经费的投入主要是政府，并且它多渠道吸纳了社会资源，保障了资金的充足。

1. 增加国家对本科层次职业教育经费投入

职业教育人才培养层次随着社会发展不断提升，与之匹配的师资力量、教学设备等软硬件也要随之升级，这就要求国家要加大投入相关的资金，并给予相应的政策扶持，保障全面提高职业教育水平。实践操作能力是本科层次职业教育强调的核心，需要具备高要求的硬件条件，在成本上比普通高校的投入更大，所以进行生均财政拨款标准制定的时候要比普通本科院校的标准高一点。在个别地区，本科高校正在向应用技术大学转型，在发展的初期阶段，需要有项目专项资金支持，这就需要财政的相关政策引导和支持。高等教育的需求日益增加，而教育经费的投入则不断减少，二者之间的矛盾日益增加的情况下，高等教育资源短缺的情况也更加严重，在这种情况下，单一拨款方式已经不能满足高校的财政支出，需要引入绩效拨款。高等教育大规模扩张的红利时期已经过去，以往按照学生人数的拨款方式还要考虑产出和质量问题，可以在过程管理和结果输出的时候采用绩效拨款这种辅助方式。按照高校运行效率、学生就业质量、经济贡献率等指标来进行激励，并按照权重进行绩效拨款，能够提升教育资源的利用率。在绩效拨款中，为了保证效率，要确定绩效拨款目标、采取多样化绩效考核标准，不同的高校应根据本校实际情况采取不同的测评标准和拨款权重。

2. 引导各种力量参与办学，创新教育财政体制

按照混合所有制经济改革的思路来讲，教育公益性是基础前提，在进

入市场后，高校产权形式需要进行创新和丰富，如引入国有民办模式、混合所有制模式、民办公助模式等。

第一，要对各种不同的社会力量进行区分。职业教育通过社会力量举办和民办教育有很大差异。社会力量举办本科层次职业教育的形式除了民办院校的方式外，还有企业参与、国家架构加入、社会组织加入、个人基金捐助以及技术支持等不同方式，这些都是社会力量参与举办职业教育的重要方法。

第二，本科层次职业教育不是义务教育范畴的内容，要始终坚定以政府投入为主导，按照市场调配机制来配置教育资源，吸引相关的社会力量参与到办学中。办学可以具有营利的行为，但是不能仅仅以营利为主要目的。在社会力量办学的过程中，投资者可以获取相应的正当利益，这也是市场机制的根本，是受到法律保障的合法权益。但是从政府角度来讲，这种类型的行为要加强管理，以保障良好的运行机制。

第三，要吸引更多的社会力量参与到本科层次职业教育的办学中来，政府要提供相关的财政政策支持。在职业教育体系中，本科层次职业教育是最薄弱的一个环节，参与到办学中的社会力量要给予相关的资助和奖励。政府可以制定相关的补贴政策、购买服务、土地使用、基金奖励、税收减免等优惠政策，以此来鼓励社会人士参与到本科层次职业教育办学中。

（三）加强社会舆论引导

思想观念是行动的向导，全面提高高等教育质量首先有一个思想观念问题。当前轻视职业教育的传统观念依然存在，要转变这种观念，保证本科层次职业教育的发展，需从两方面入手。

1. 加强本科层次职业教育理论研究

本科层次职业教育理论内涵丰富、实践多线交织，要深化基础性理论性探索研究，着力开创领域研究新境界，进而为其主体工作的决策、指导、落实、反馈提供坚强厚实的理论积淀和实践指引；要着力增强研究探索的科学化水平，既要注重理论高度，又要兼顾价值密度，将中国式现代化大背景下的本科层次职业教育思想理论体系打造得更加完善、具体、系统；成才之道，贵在得人，要聚焦时代新人培养的宏大课题，加强高层次专业技术人才和应用实践群体的理论研究。充分释放教育部下属机构和高等教育院校联盟的研究性作用，紧紧抓住探索规律、变革创新、理论迭代、实践应用、保障决策这个出发点，凝聚各方力量，统合各方资源，聚合各方智慧，专题部署、专题研究、专题督导，坚决摆正立牢本科层次职业教育发展的认识和定位，防止错误认识的蔓延。

2. 营造良好的本科层次职业教育发展氛围

营造氛围要在总体上把握两个方面：一是聚焦政策理论开展宣传报道和教育引导，依托当前常见的电视、网络、广播、报刊、自媒体、新媒体等手段，讲政策、解疑惑、辩理念、驳误区，采取适当适度的教育引导；二是注重宣传介绍先进个人、先进团队、典型案例和优秀事迹，以榜样宣传带动集体进步，助推广大群众在耳濡目染熏陶下扭转更新价值观、优化完善人生观，持续打造全时全员全社会全过程重视本科层次职业教育、关心本科层次职业教育发展的浓厚氛围。氛围的营造，归根到底是为了助推变革。特别是当前，本科层次职业教育的办学思路、教育理念、办学制度都在经历变革、反哺变革，贯穿招生到就业的全过程，校方、教师和领导层都要通过心理适应带动行为转变。所以，要在高等教育院校广泛开展“大讨论”“大辨析”活动，以激发教育行业人员对本科层次职业教育的探索和研究，帮助重点群体明晰重要意义、掌握根本思路、强化目标导向、统合发展思路，从而为后续的理论研究、建设发展奠定坚实的思想共识基础。

第四节　本科院校职业化转型中的专业改造

当前我国经济发展进入了新常态时期，正在爬坡过坎的关口，不深化改革和调整结构，就无法实现经济社会的平稳发展，面对客观形势，高等教育正发生巨大变革，这种变革要求本科院校必须进行顺应新形势的改造。对本科院校原有专业进行重新规划和调整，若沿袭原有普通高校的专业设置与调整原则，将无法适应新的要求。为此，本科院校专业改造的原则必须坚持符合新形势的要求，并在此原则下确立专业改造的维度。

一、本科院校职业化转型中专业改造的原则

本科院校的两大宗旨是为地方经济社会发展服务，不断满足学生成长成才需要。转型表示学校的社会作用相应地发生变化，社会对转型后本科院校的期望值和要求随之提升与转变，因此，在专业改造的过程中需要根据需求进行。

本科院校职业化转型是经济社会发展的客观要求。经济社会对教育具有制约作用，而作为与经济社会更具有密切联系的高等教育，更是首当其冲。新形势新变化下的我国经济发展方式要求更多地依靠现代服务业、新兴产业、科技进步、管理服务的提高来推动经济社会的发展，而无论是构建新的经济增长点还是提高自主创新能力，这些都离不开高素质的劳动者队伍。所谓的高素质劳动者，不仅指学历层次高，更是指技术水平过硬、职业素养可靠的技术工作人员。然而，目前我国培养技术工人的学历教育包括中等、高等职业教育，其中高等职业教育仅到大专层次，显然无法满足新形势下对技术人员的学历要求。本科院校从其开设之初就被赋予服务

地方经济社会的职能，其专业结构也随着社会的发展变化而不断进行调整，这些院校只有在新的形势下实现其服务功能，才能不断满足经济社会需要。

本科院校职业化转型需不断满足求学者的需求。转型后的本科院校办学定位为本科层次职业教育，这是社会对人才培养层次高移的要求，也是社会人才，为了自身不断发展提高的需求。每个接受本科层级高等职业教育的人才，都希望自己通过四年的学习不仅能够掌握一定理论基础、专门知识，更是希望自己能够提升解决复杂问题的能力，有较强的技术应用水平和技术创新能力。只有满足求学者的需要，学生才能热爱自己所学专业，更好地掌握专业理论与技术，为从业做准备，从而对自己学校表示满意，唯有如此，本科院校的社会知名度和声望才会不断提升。

要满足经济社会人才的需求，新建地方本科院校在职业化转型的过程中应该做好规划与设计。在办学思想上摒弃计划经济时期的色彩，不要总依赖政府、封闭办学，而是要具有一定的市场意识、开放意识、竞争意识。通过借助人才市场、市场调研、网络平台以及政府部门等渠道，获取学生需求、毕业生就业情况、企业诉求，了解地方经济社会及学生的需要、行业市场等情况，通过调研与分析，论证所设专业的优势与不足，进而进行专业改造及修正。在学校管理与决策方式上将直线型组织管理结构不断转变为扁平结构，充分发挥二级院系的积极性，给予其一定的专业改造权力和空间。

二、本科院校职业化转型中专业改造的策略

（一）人才培养目标：基于综合职业能力

1. 转型中的本科院校人才培养目标

本科院校在职业化转型的过程趋势中，首先要找到锚点、抓住重点、

围绕源点，也就是着力解决目标定位的问题。人才培养的根本目的决定了各级院校和各类教育集团对人才培养质量、规模、样式的要求和总纲。这个目标，承载了教学课程、教学任务、教学指向和教学逻辑，更可以用来衡量学校的教学质量、育人质量、发展质量。因此，对人才培养目标确立一个合理准确的定位尤为重要，针对转型中的本科院校更为重要。特别是要联系实际，厘清本科与专科在人才类型、办学格局、理念层次上的区别。

对于高职专科而言，他们的人才培养目标更注重岗位技能和实践，培养的人才主体就是技能型人才、实践型人才，他们能够充分适应融入生产、管理、服务、经营等一线岗位，能够做到直接实施决策、落实方案、响应计划、产生成果，能够直接产生社会价值和社会效益，操作性、实践性、执行力都很强。同时，高职专科在注重实践性和社会效益的同时，往往在理论研究、知识原理、技术思维上只需要满足于“够用”即可，即只要能够为实践技能提供对等够用的服务，就可以开展针对性甚至探索性的岗位实操训练。

同时也要认识到，专科院校和本科院校在人才培养目标的决策定位上也具有相似特征。教育本质往往在人才培养的价值标准上有所差异，进而导致教育类型多种多样。高职专科与本科院校职业化转型的共同之处，就在于二者都含有职业教育的外在表征，且都承载着培养技术人才的任务特征。只不过，转型中的本科院校职业化是侧重技术教育、基础化学术教育。它和专科教育培养的人才，都是在新发展阶段产业升级大背景下应运而生，共同具有就业导向。因此，在这两类学校的指标体系中，人才建设成效往往通过就业质量、就业效益、社会价值、满足需求等指标进行量化展现。

前期，我国绝大部分企业的生产方式还是以劳动密集型为主体，如今已经逐渐向技术密集型来转化升级，进而导致其在生产经营、管理实践上的技术融合度、精密复杂度都越来越高，这种形势下，高水平高层次的实践技能型人才更被需要，他们既对技术理论有一定的掌握，又能够实现理论到实践的转化，还可以兼顾一线业务的实际应用和组织、企业资源的合理分配和经营。这样的形势使得三年学制的职业高专无法培养出相当水平的技能型操作人才，因此，延长学制并转型升级后的本科院校既能够在人才培养的学历层次上略高一筹，还可以将学生在技术理论学习、科研发展探索以及专业技术力量的层次水平提高上来。这样的组织模式，既帮助丰富构建了现代化的职业教育体系，又对高等教育阵营起到了很好的优化作用。

普通本科在教学过程中具有较为先进的硬件设施和较为优渥的教学资源，因此其在人才教学培养上更注重人文素养、科学思维和创新观念，所以经过本科教学的工程化，研究型人才往往具备较为扎实的理论思想根基，综合能力和素质往往也得益于“高位势、宽路径、厚基础”的教学模式，其在科研能力培养上已经走在了前头。这是因为，一方面，转型后的本科院校教育和普通本科院校教育都是本科层次的教育体系，在目标层次上具有同化性，在指向要求上也具有一致性，如都要掌握理论知识基础，还要有扎实的基本功、技能技巧、技法技术；同时这些人才也不缺乏基础的人文素养和社会精神。这是因为，教育的基础目的就是铸魂育人、塑造价值、锤炼信仰、渲染态度，而非忽略教育的文化使命、精神使命、灵魂使命。另一方面，二者的差异性主要表征在“5A 体系”和“5B 体系”（根据《国际教育标准分类法》），前者对标普通本科，重点是培养研究型、理论型人才，而后者对标转型目标，重点是培养技术型、职业型人才。两种院校教育所遵循的大规律也不尽相同，“5A 体系”重在依照社会教育规律和认知发展规律，而“5B 体系”更侧重于职业发展和价值成长规律。

综上，本科院校职业化教育的转型目标指向，对标高职专科教学体系可以说是“类型有交叉、级别分不同”，对标普通本科教学体系可以说是“级别有共通，类型有不同”，因此我们常说，本科院校职业化教育的转型发展，不是“降格以求”，更不是“原地踏步”。

2. 确立综合职业能力的人才培养目标

随着社会教育学的研究探索逐渐深入，综合职业能力、职业教育层次、人才培养标准等新一代概念的体系内容也更加明确完善。特别是关于综合职业能力，一定程度对标和限制了完成职业化转型的本科院校人才培养目标。究其原因，一是因为二者的同质性。两者的教育内涵中都有职业性、技能性、实践性，特别是本科院校的职业化转型，就是在顶层设计上要求向本科水平的高等职业教育体系转换，二者所处同一个职业教育体系。二是两者在目标和要求上相辅相成。专科教育和单纯的职业教育往往都单方面、不对等地注重技能操作和任务训练养成，这源于其价值观、成长观都聚焦行动导向而非素质导向。一旦教育的素质导向引导了其价值发展观，学生的能力则更具有普适性和大众性，导致培养的人才符合正常标准但无法解决高技术人才匮乏难题。由此看来，前文所述的综合职业能力既包含知识积累学习、技能发展学习、问题解决方案探索，也囊括社交情景锻炼和其他个体潜力激发，这也更符合活力经济、新发展阶段对高层次高水平人才的需求。

综合职业能力有利于职业教育学生在本科阶段专业能力的培养。探究本科院校职业化专业化转型的原因，一方面是按照学科标准培养的学生与当前经济社会需求不相适应，具有较为明显的结构性矛盾，这些学生往往难以适应社会经济发展需求。因此，本科院校的转型导向指向、人才培养目标最主要的就是引导督促学生掌握某一行业或领域群体所亟需的特殊专业能力，这也是高等职业教育转型后本科院校的根本目的。

我们常说培养学生的综合职业能力，其命门就是“全面＋完善＋综合”，为了帮助我们细化理解掌握，我们往往从专业化、方法论、社会型三个角度对其进行区分，这样可以使高等教育院校在开展教学和人才培养活动中有着更加明确的指向，也具有极强的实际操作性和可评价可塑造性。但是，综合职业能力中的各细化方面往往相互作用、互相影响，要注重以点带面开展教学，以单点突破带动整体跃升，以重点拔高带动全面提高。这些都要在教学实践中开展，着眼着力于现实工作环境，引导学生将专业知识、社会技能内化形成具有自己个体特色的“工作经验”。同时也要看到，院校在开展综合专业能力的培养过程中，也在引导学生走向可持续发展的道路。转型升级的教育模式体系，主要目的就是帮助摒弃当前重能力训练轻思想培塑、重短期培养轻长远发展、重岗位训练轻职业未来的现状。综合专业能力和其他方面能力的优势在于它能够侧重于学生智商之外能力因素的培训锻炼，通过情景培训、团队攻关等培训手段，帮助培养社交能力、职业信心、抗风险防危机能力和终身学习意识。这样就可以帮助学生解决冲突、克服困难，进而适应复杂严峻的社会环境和不稳定的劳动力市场。

（二）基础专业课程开发：基于学习实践领域

教育教学课程活动是专业化培训的基本组成部分，也是高校推动实现人才培养塑造指向目标的前提保障。作为培养专业人才的主力军主阵地，高等教育院校必须高度重视专业课程的探索、开创。通过对当前高校主体课程内容和主要教学任务的分析，感到还是存在内容浅薄不深入、结构单一不综合、关联不紧难协同等现实矛盾。因此，必须从顶层设计、也就是教学方案上全新打造开发一系列专业课程，这个方案要求就是充分诠释综合职业能力培养目标，且能够在理论课程教学和岗位技能实践中寻找平衡。

学习领域是一个主题学习单元，它基于典型规范的工作任务、专业明确的行动导向，对学习目的进行体系描述，整个行动过程的教学具有较强的情景化和教育化。

秉持“理论 + 实践”“课上 + 课下”的教育方案理念，本科院校往往在课程分类时更加注重学科知识的外在逻辑。这种模式下，对理论知识的系统研究更加强化，理论指导实践、解决矛盾的指向也更加明晰。但是由于本科院校过于注重理论课堂的灌输灌注，导致岗位实践的占比小、效果差，平行课程在学生整体发展中的作用无法体现、作用不佳。为改变目前教育体系中过分重理论轻实践的模式现状，高职院校充分借鉴国内外先进经验，探索形成了基于工作分析的课程开发理念，并高度重视“理论服务实践”的观点。

例如，北美“CBE”课程（即能力本位课程），它认为理论知识是底层基础、是核心架构，主要用于支撑技术技能和岗位实践，进而打造了一批典型课程方案。在引入 CBE 课程的过程中，高等教育课程体系的丰富类别遭受一定影响，人们逐渐将重点放在了市场需求和工作发展角度，在保证内在理论积淀合格的基础上，愈加注重外在行为、岗位能力、实践水平的提供，推动了理论研究型知识逐渐“职业化”。

但是，本科院校在开展职业化转型时，其目标导向是本科层次，也就是较高层次的职业化教育，这既不是普通本科学校所秉持的“并行课程”理念，也不是“重实践轻理论、重岗位轻课堂”理念，而是从课堂探索形成一种“理论 + 实践”“理论赋能实践、实践回馈理论”的有机融合一体化教学模式类型，也就是将二者糅合为一个整体来进行体系化变革塑造，这样可以有效培养学生的综合职业能力，帮助学生在现实工作场景中全面了解、系统把握工作过程、工作思路、工作模块和工作环境。所谓“学习领域”课程的实现，就是在完整系统的工作过程前提下，跳出理论看理论，跳出实践看实践，站在理论看实践，站在实践看理论，给学生提供一个理论和实践之间的通道，帮助他们理解理论、习得技能、掌握知识、找到方向，避免陷入空洞乏味的书本课堂，而是做好课程衔接、阶段衔接、能力衔接、认知衔接。因为本科阶段的职业教育应该为转型升级后接受专科教育的学生开拓上升空间和路径，但目前常规的“3+2”教育培养模式只实现了表面学制的衔接，但是在课程教育、成长逻辑上都没有顺畅的通道接口。我们常常根据模型化任务设置学校的专业课程，这就要求在“实践出模型”过程中，实践人员和实训者都具备较为完善的专业知识积累，这也是其独有特点。

课程在本科院校专业化转型中的应用，根本落脚点是对学科领域的课程标准进行合适恰当的描述。整个课程标准涵盖内容较多，主要包括方案名称、目标内容、教学进度和任务描述。前两项往往由实践专家进行确认，后两项则受制于院校教学质量和教师能力水平。

学科领域的课程名称在确定时，往往与其典型工作任务一脉相承，这样可以帮助人们通过名称了解掌握其职业特征和典型任务。而在对该任务进行描述时，就要明确其任务标准、主体内容、流程手段、主要关系和矛盾难点。

（三）实践教学：以能力为导向

个体对资源、信息进行获取，借助他人的帮助对自己的心理模型进行建立和改善，并对问题进行解决的方法策略研究，就是学习。学生进行学习的其中一种方法就是实践。通过实践，学生们不仅能从中了解何为合作，同时还能对理论知识和真实世界之间的联系进行体验和观察，进而使学生在职业决策方面形成良好的自我效能感，增强职业认同，使其职业信心得到切实加强。在学习中，通过实践参与，学生们除了可以更好地进行观察外，也有了更多机会对职业领域进行体验，让他们能够更好地进行知识转化，使书本上的知识内化成为自身的能力，使个人的知识以及职业经验都能得到增长，真正做到学以致用，进而使学生在进入职场时能有更多的发展机会。经常进行实践可以使自身学到的知识得到更好的转化、理解和应用，这样的学习才是有效的学习，而借助于实践来学习的方法则是行之有效的学习方法。因此，在进行职业化转型的过程中，本科院校进行教学设计时更应该重视实践教学这一思路和方法。

1. 实践教学的学习任务设计

学习任务是指该工作任务的主要目的是学习，对教学来讲，就是典型工作任务的应用。每一个学习领域都不只有一个学习任务，不同学校的教学设施、教师的水平及学生的基础能力都有所区别，即使是同一个专业，不同的学校在设置学习任务时也应有所区别。通常来说，在一个学习领域，学习任务的数量与任务要求成反比，即越少的学习任务数量，对应着越综合的任务要求，这也要求学校要具有更高的整体水平。师资方面，教师不仅需要有较高的专业知识基础和丰富的教学经验，同时还要具备一定的实践能力；学校也要在资源和设施设备方面给予充分支持以便于学生进行训练；同时，学生的学习能力和理解能力也要达到一定的水平。因此，在设计学习任务时，我们需要从多方面来进行综合考量。

对学习任务设计的优劣进行评价的因素主要包括：学习任务是否能够对职业工作情境进行真实反映，是否具备教育性，其学习结果能否通过一定形式进行有效评价，学生能否借此获得实习机会，学生的综合职业能力能否得到有效培养等。胡博特的职业能力发展阶段理论认为，任何一个人的职业生涯都是从初学者开始发展到实践专家的，其间共需要经历五个不同阶段，在设计学习任务时，我们需要从培养对象所处的不同职业发展阶段入手，有针对性地对任务难度进行设置。学习任务的难度主要通过不同阶段的目标设置来体现，一般情况下，我们对学习目标会有不同的表述和分层，通过这些，我们可以对该阶段学习任务的难度进行充分了解。通常来说，在设置学习任务难度时，是由易到难不断进阶的。因此，我们在设计学习任务时，有两项内容的表述必须要清晰、明确：其一，学习任务在不同阶段的名称分别是什么；其二，学习任务在不同阶段所需达成的学习目标是什么。只有这样，我们才能清晰明确领域课程的相关教学内容。

2. 项目导向的实践教学方法

所谓“项目导向性”教学法（项目教学法）是指在师生的共同努力下，完成一项完整的“项目”工作过程（即资料搜集、计划、决策、实施、评价过程）教师所采用的教学方法。对一件产品进行生产、对一次服务进行提供等工作情境中十分具体的典型工作任务也是“项目”。我们在制定“项目”时，应当选取与直接工作有关的内容，这样可以在教学时，有明确的教学内容，并能取得一定的成效，在此过程中，学生还有机会进行决策、实施，并对成果进行展示，通过教师的指导，学生可以进行完整过程的学习，包括项目需求、设计、实施及评价等，进而使培养综合职业能力的目标得以有效实现。在学习和教学的整个过程中，学生不仅需要探索认知层面的内容，还需要进行行动操作的训练，如熟练化训练。同时，还要求学生的心理得到一定的锻炼，形成责任意识。学习过程具有完整性、专业知识具备整合性及成果具有价值性，是项目导向性教学的主要特点。

在过去传统的四段式教学中，即准备、讲解、模仿、联系四个阶段的教学过程中，一般教师讲得比较多，学生的实践相对少，这也造成了学生的主体性、主动性都相对不足。而项目教学要求学习环境设置与真实的工作情境类似，学生要以工作任务要求为中心，进行团队合作或独立进行作业，通过对资料进行搜集、对工作计划进行制定、对计划可行性进行讨论（此阶段教师可与学生一同参与）等，进行决策，进而对计划进行实施，并展示和评价获得的最终成果。在这个过程中，学生们不仅对相关的专业知识及能力进行了充分的了解和学习，其独立解决问题的能力以及合作、交流、反思等能力也都得到了一定培养。同时，在实施项目教学法时，对于传统教学法中的一些方法也可以进行运用，如演示、讲解等。这些方法可以和其他教学方法配合使用，比如，在进行计划决策的过程中，需要学习和理解其中涉及的专业知识，这时教师就可以使用讲授法进行教学。在实施计划时，教师也需要通过演示法等教学方法来确保计划能够有效实施。

在本科院校进行职业化转型的过程中，之所以要选择使用项目导向性的教学方法，主要是从两方面进行考虑的：其一，从微观层面来看，过去的传统学科教学法中，教师的讲授往往都是“满堂灌”，学生缺乏实践，对知识的理解有限，而项目导向性教学法给学生提供了一个很好的机会，可以对典型工作的各个环节进行了解和体验，这是对传统教学法的一种改革，能够帮助本科院校切实有效完成职业化转型。其二，在项目导向性教学法中，对于过程的完整性是十分重视的，这就使得在教学过程中，需要花费大量时间，因此，在学习一些简单操作技能时，这种方法并不适用。同时，因为本科院校的层次水平更高，在培养学生时，不能照搬高职专科及以下层次的培养模式，即以技术技能培训为主的模式，在对学生进行培养时，只有采取综合性更强的项目导向性教学法，才能更好地培养学生的综合职业能力。对于本科院校来说，应用技术型大学才是它们进行职业化转型的方向，而应用技术型大学这一定位也意味着，在设置课程时，本科院校不仅需要对学科体系的知识逻辑性给予更多重视，同时对于职业倾向性也要给予更多的关注；在教学形式的安排和选择上，不仅需要重视分科教学，即以内容导向为核心的教学，也不能忽视实践教学，即以行动导向为核心的教学。

（四）专业师资队伍：产学研一体化

本科院校职业化转型的方向是应用技术大学，要建立符合社会经济发展及市场需求的技术大学，就必须建立能够担负起培养综合职业能力人才的师资队伍，这就要求教师不仅要具备扎实的理论素质，同时还要具备一定的实践经验以及应用研究水平，既能够激发学生学习专业的热情，又有助于帮助学生进行职业引导和人生规划。因此，应用技术大学的师资队伍既不同于普通本科院校的师资，更区别于高职院校的教师。

提起职业教育的师资队伍建设，无论是从学术研究还是学校办学方面，都会经常提起“双师型”教师这一表述。有关“双师型”教师的概念，最早是由上海冶金专业专科学校仪电系主任王义澄的《建设“双师型”专科教师队伍》一文提出，之后该概念受到了国家主管部门的认可从而流行起来。[1]但目前学术界对于“双师型”这一概念的内涵还存有较多分歧。一种观点认为“双师型”教师就是要具备双证书，即教师资格证与职业资格证兼备。这种观点使“双师型”教师更容易量化统计与验收，但双证书只能是作为“双师型”教师的入职资格，而不应该是决定条件。一种观点认为，凡是高校教师并且具有中级以上职称的就应属于“双师型”教师，该观点对“双师型”教师提出了层次的要求，但是这种要求过于空泛，一个原因为，不是所有的高校教师都拥有扎实的理论素养、丰富的实践经验以及较高水平的科研能力，另一个原因是目前本科院校所开设的专业是根据普通本科专业目录和要求设置的，而并不是所有的普通本科专业都具有应用性、技术性，而中级以上职称是针对所有专业教师而言，因此，此种观点也具有一定的争议。还有一种典型的观点认为“双师型”教师是指那些具有教师和技师双重职业素质和能力的教师。此种观点得到了较多的支持，但不可否认的是此种观点将难以量化教师的素质评价。为了既体现本科院校职业化转型战略中对师资的要求，又使其具有可评价性，我们认为，本科院校的教师具有的应该是集产学研于一体的综合职业素质与能力。

1. 本科院校师资队伍建设情况

本科院校的师资队伍发展，大致经过了几个阶段。一是师资队伍融合阶段。大量的本科院校建校是在我国高等教育进入大众化阶段，国家对高校进行布局调整的环境下，经过合并重组升格的普通本科院校。这个阶段的师资队伍大多来源于合并之前的专科、职业学院，并跟随着专业、院系的合并而组成新的组合。这些新形成的教师团体面临着人际关系的融合。随着本科院校的建立，其办学层次、办学目标有了变化，这就要求这些院校的教师无论是在自身理论水平还是研究能力上，都要与普通本科院校的

①江利，黄莉. 应用技术大学“双师型”教师的误区与超越［J］. 高校教育管理，2015（2）.

要求相融合。二是师资队伍扩张阶段。这一阶段受学校发展目标以及本科教学工作评估的影响，本科院校为了达到评估标准，大量招聘具有硕士、博士学位的教师，引进具有教授、副教授职称的人才，使得教师数量在短时间内得到了快速增长。这一阶段的师资在知识结构上大多是学术型、理论型教师，年龄结构上以中青年教师为主。三是师资队伍优化调整阶段。这一阶段，本科院校在国家经济结构调整、产业转型升级的大环境中，在国家大力发展职业教育的背景下，为了提高自身内涵建设，打造品牌特色，师资队伍建设从之前追求数量规模到如今优化调整师资结构，着重对师资进行二次提升，重点打造与建设应用技术大学目标趋同的师资队伍。

然而，目前本科院校的师资队伍在职业化转型的战略目标下却面临着很多困惑，主要表现在：

（1）教师的知识能力结构无法满足学院人才培养目标的要求。本科院校在师资队伍建设的扩张阶段，吸收了大量具有理论知识素养的硕士、博士，经过几年发展已成为学院规模最大的一批师资力量。但是这批拥有扎实理论基础的青年教师由于缺乏丰富的实践经验，没有业界工作经历，更无法将所学的科学原理转化成直接运用到一线工作领域的实践能力，对学生的实习、就业指导以及应对工作要求的技术技能则相对较弱，这对于培养本科层次技术应用型人才的院校来说，将严重制约其人才培养质量和规格要求。

（2）原有的教师评价机制未能符合学院办学目标的定位。现在依然沿用的教师评价标准主要参照普通本科院校的评价体系，注重传统教学和学术研究，而在研究成果的转化和社会服务的贡献率等方面则体现较少。由于评价体系的导向性，使得本科院校的教师更加注重如何提升学术论文的数量、研究项目的级别，这就必然导致本科院校的师资结构和水平向普通本科学院看齐，结果既无法使个性得到发展，又影响了教师的教学、科研以及社会服务的风气，急功近利，只追求结果。

（3）实践专家的相对匮乏影响专业课程的有效实施。实践专家是指既具备完整的知识系统专业教育，在工作实践中又具备丰富的一线经验，具有高度的敬业精神，能够完成较高级的复杂任务以及反思革新的能力。实践专家担负着培养学生完成工作任务的能力，帮助学生在专业知识和工作实践中建立起密切联系的责任，是应用技术大学的专业发展和人才培养质量高低的重要保障，没有一定数量的实践专家，就没有本科院校未来适应社会需要和学院发展的师资队伍。但是，目前本科院校在引进和培养实践专家的过程中普遍存在着数量不足的问题，而高质量的实践专家更是严重紧缺。这种紧缺主要表现在以下几个方面：一是学院吸引实践专家有困难，二是学院留住实践专家有难度，三是学院自身培养实践专家无论是时间上还是政策上都有一定的不可操作性。

2. 以校地互动为依托的产学研专业师资队伍改造

教师作为专业办学、改革的主体，是顶层设计实施的主要参与者，而学习领域课程设计的主体是教师自身，因而专业课程改造离不开教师这一教育教学活动的主体。

校地互动是学校为理论教师提供实践机会，推动缺乏实践经验的教师走向学生就业的一线，提高其实践经验和职业能力的一种方法。校地互动的内容丰富、形式灵活，通过校企合作、联合攻关、科技服务、技术推广等形式提高教师的应用技术研究能力，使学院、教师积极融入地方经济发展，努力促进科技成果的转化。通过产学研协同创新、专利研发、横向课题研究、参加技术大赛等内容提升教师创业创新能力。

为了达到对现有师资队伍改造的目的，更好地开展校地互动的培养形式，还需要一系列的辅助性措施。一是要制定合理的评价考核标准。合理的考核体系既能够促进本科院校的办学特色，又能切实地选拔和培养出符合学校办学定位的师资。评价考核的目的是对现有的考评要求适时地进行调整，使之更加符合本科院校职业化转型的需要。二是要注重对教师的过程管理，坚持学术评价的质量与数量相结合等，逐步建立以实绩和贡献为导向的学术评价制度。

三、本科院校职业化转型中专业改造的基本维度

专业设置要体现“产业性”，专业建设对于本科院校的转型发展有着非常重要的意义：首先，进行新的专业设置是本科院校转型发展的标志和内容；其次，专业设置是本科院校在转型发展过程中增强核心竞争力的重要手段之一；最后，专业设置是应用技术大学培养应用技术型人才的基本载体。技术是人们为了满足自己的需要而进行的加工制作活动，这说明了技术的社会目的特征，即技术是为了满足社会需要并且服务于社会的活动。因此，应用技术大学应以技术为核心，以帮助缓解大学生就业难和社会“技工荒”等问题来为社会经济的发展服务。

（一）专业培养目标的调整

随着现阶段产业升级、经济结构调整以及劳动力市场变化等客观要求，无论是普通教育还是职业教育都在对各个专业的培养目标做出适应性调整，本科院校正是在这一现实压力下转变发展思路，重新定位适合专业、院校发展的人才培养目标。

人才培养目标调整特别强调目标要符合本科层次技术人才的要求，所以说，本科院校职业化转型中专业改造的人才培养目标既要体现其职业教育特点，又不能忽略本科教育层次。这就要求专业人才培养目标一要注重人文性，因为随着社会文明水平的日渐提高以及技术文明进步，企业行业所倡导的道德思想、法律法规以及文化现象将不断被要求体现在职业当中。二要增强综合职业能力。目前本科院校的专业目录是按照国家统一制定的《普通高校本科专业目录》执行的，而职业院校专业建设则按照《高等职业学校专业目录》的要求进行，这两个专业目录都无法与具体区域行业、

岗位相匹配，由此可能会造成本科院校在转型中对专业定位不准确，人才培养与市场需求不一致的问题，为了克服这一现实的困难，本科院校需要在人才培养目标方面创新思路，而综合职业能力观则可以成为其突破口，通过重视培养综合职业能力，增强学生职业知识与技能，提高其解决实际问题能力以及不断学习能力，这既改变学生无法适应工作岗位要求的现实困境，又提高学生适应社会、可持续发展的能力，符合经济社会对高层次技术人才的需求，即突出其“技术性”。本科院校在转型发展的过程中面临着两个方面的转型——办学层次的转型（即从专科层次转型成为本科层次）和办学类型的转型（即从传统的研究型大学转型成为应用技术大学）。这两个方面的转型发展也就意味着人才培养目标的转型，即人才培养目标从培养学术型人才向技术型人才转型。

（二）专业课程结构的开发

课程是每个专业人才培养的蓝图。本科院校的课程既要比高职专科体现更高要求，也要比普通本科教育体现职业倾向，否则要么导致本科院校降级为专科层次，要么造成其原地踏步。像德国的应用技术大学在课程设置及授课方式上就特别强调实践性，从课程结构上来说，无论是理论课程还是实践课程都注重联系实践，注重培养学生解决实际问题的能力。在实践课程中更是通过项目化教学的手段，让学生通过小组合作、实际操作的形式完成课程目标，而所达到的学习效果既是教师根据专业人才培养目标提出的，也是根据与企业的要求设计的，即突出“实践性”课程体系是学校教育的重中之重，对于达到教育目的和实现培养目标起着非常关键的作用。应用技术大学侧重于技术应用，其课程体系建设更应该突出“实践性”。

（1）技术知识的逻辑构成。技术知识是由技术理论知识与技术实践知识构成的，技术理论知识是指被技术化了的科学知识。技术实践知识是指在改造物质世界的时候所运用于技术实践活动中来控制技术活动过程的科学知识，而技术知识应用于技术活动（技术实践），每一个技术实践环节都是以技术知识为基础的。因此，无论是从技术知识还是从技术活动来看，技术知识的逻辑构成都包含着科学知识的存在。

（2）应用技术大学课程内容的选择与重建。应用技术大学的课程内容应以技术知识为核心，而技术知识是由技术理论知识以及技术实践知识构成的。其中，技术理论知识是对技术活动的本身和过程及其经验的总结，属于明确表述的知识范畴，是陈述性知识，最终是以理论的形式呈现的技术知识，是能够进行明言传播的技术理论和描述性技术定律。技术实践知识是对现实技术活动经验的知识总结，包括技术规训在内，属于难言知识，是程序性知识，最终是以说明书等形式呈现的。技术实践知识依赖于个体的经验、感觉等，受个体本身的限制和环境的影响比较大。

由此可见，技术型人才仅仅掌握技术知识是不够的，其还需要掌握相应的科学知识作为其学习和发明技术的基础。因此，应用技术大学在进行课程建设和课程重组的时候，其重点和核心知识是技术知识，但是应以科学知识辅之。

（三）专业实践教学的设计

以德国应用技术大学的实践教学为例，他们安排学生的实习从时间和频率上来看都很高，一般来说有一至两个学期的实习期，每次实习时间大概要 3 个月。这段时间的实习并不像我们现在看到的我国院校安排实习那样松散，凭借院系领导、教师的个人关系寻找实习单位，在实习过程中缺乏企业技术人员指导，走马观花；德国应用技术大学的实习则在政府积极鼓励下开展一系列顶层设计，比如对提供学生实习机会的企业实施减免税收制度，这样既鼓励企业参与教育的积极性，又保证学生实习的质量。在制度的维持下，那些双元制专业的实践教学内容更能顺利地在企业中完成，企业中有专门负责对学生进行培训的人员，有的学生甚至在实习期间会根据自己的岗位工作或解决问题的方案进行选题，并在此期间完成毕业论文，因为实习期间除了有学校教授的理论指导外，更有一线技术人员的辅导。

本科院校要从专业人才培养目标的角度出发，积极地与当地专业对口企业、招生单位进行合作，也要与职业资格培训鉴定部门、相关网络运营商等产生联系。

（四）专业师资队伍的建设

师资队伍建设，对本科院校转型发展而言，具有极其重大的战略意义，在本科院校转型发展过程中所要解决的诸多问题中占据首要位置。在本科院校向应用技术大学转型发展的过程中，可以通过“引进、培养、聘用和转型”等途径，来为应用技术大学培养一批高素质的“双师型”师资队伍。

以往教育部对职业学校教师队伍建设提出了具体要求，即要建设“双师型”教师队伍，因而“双师型”教师也就具有了职业教育特色。从欧洲应用技术大学的发展来看，应用技术大学之所以在欧洲能够迅速发展起来，“双师型”教师队伍建设是建设技术大学不可缺少的重要条件。他们更加重视师资的实际工作经验，并提出了特别要求。以教授为例，我国本科院校的教授大多属于学术研究型学者，职称评定的标准要看论文发表数量、质量，课题申报、结项等级，所获研究领域的荣誉等，而像德国应用技术大学的教授则除了必须具备博士学位外，还要拥有相关领域至少 5 年的实践工作经历，并且明确提出实践工作中至少有 3 年是在学术性机构以外进行的。而对于兼职教师，无论是数量还是质量都很充沛，德国应用技术大学要求他们必须是由企业界或其他社会单位的具有丰富实践经验的特聘教师来校兼职授课，在很多学校，兼职特聘教师的数量甚至远远多于全职教授的数量。

本科院校要向技术大学转型，从普通本科教育向本科层次职业教育转变，其师资队伍也需要具有职业教育特色。而“双师型”队伍建设曾是为了帮助中等职业教育、专科层次高等职业教育的理论教师、基础课教师提升其技术技能而提出来的要求，那么，对于本科层次职业院校的教师来说，“双师型”教师其内涵就应不断扩充，除了具备理论知识与实践技能外，还要具备一定的应用研究水平。为提高本科院校“双师型”教师队伍建设，从学校角度来说，必须拓宽多种渠道对已有教师进行培训，同样也要对新进教师提出更高要求。比如，一方面学院、院系要加强教师的培训工作。通过与企业建立长久合作关系，形成一系列制度，给教师提供到企业挂职训练的途径，也可以提供让教师与企业员工共同开展应用型研究的机会，还可以聘请企业优秀员工到学校任教，选派优秀专业教师到企业服务等途径来提升现在教师的实践能力，丰富教学内容。另一方面兼职教师，尤其是专业实践教师，要从制度上加以约束和完善，也要给予一定的鼓励性政策措施，提高兼职教师中实践教师的比例和素质，使他们更加积极地参与到技术型人才培养的需求中。另外，在从事应用技术研究和社会专业服务方面有成就的教师，评聘时要优先予以考虑；充分利用“互联网 +”的大好形势，开展有关的“产、教、研”活动。

（五）专业创新能力的提升

专业创新能力是指学校内的院系在管理水平、教育服务水平以及科研活动上的创新。要想使专业改造顺利进行，还必须要在配套措施、制度上不断完善。在专业的管理水平方面，一要改革传统的专业管理体制，将自上而下、行政导向的专业管理改为集群领导、自主管理、市场导向的管理体制。在国家倡导行政部门简政放权的今天，本科院校专业改造过程中省级教育管理部门应更加强调对专业发展的监督和评价，减少审批程序，应赋予学校、院系更多的自主权。

在教育服务水平方面，本科院校，一要创新就业信息服务工作，通过市场调研对专业就业信息进行及时更新，追踪毕业生就业质量情况形成分析报告，建立就业信息数据库等方式，从而一改之前被动就业的局面。二要创新学生就业渠道。三要拓宽科学研究范围。科学研究的数量和质量是衡量一所学校、一个专业创新能力的一大要素，无论是普通本科院校还是技术大学，作为本科层次的高等教育，除了要做好教学与社会服务的工作外，还应具备一定的科研能力，这是区别于专科院校的一个标志，转型后的新建地方本科院校，更多地倾向于地方经济社会需求，所以对其科研的定位，应不局限于传统的基础研究，而是更加注重与企业合作的应用研究，企业给予一定的资金支持，相关专业则为企业提供智力服务和产品研发。德国的应用技术大学正是通过与企业生产实践密切结合，既获得了企业的科研资金，又得到了一定数量的科研项目，从而使得应用技术大学在德国的高等教育中有举足轻重而又不失独特性的地位。

参考文献

[1] 修飞飞，王振兴. 当代大学生择业观教育的问题与对策 [J]. 航海教育研究，2015（3）.

[2] 马燕. 我国本科层次职业教育发展研究 [D]. 天津：天津大学，2015.

[3] 谢莉花，余小娟，尚美华. 国际职业与教育分类标准视野下我国职业体系与教育体系之间的关系 [J]. 职业技术教育，2017（28）.

[4] 刘玉萍，吴南中. 职业教育生态化治理：价值内蕴与路径选择 [J]. 教育学术月刊，2019（7）.

[5] 王兴. 职业教育类型发展：现实必然、价值取向与强化路径 [J]. 中国职业技术教育，2020（16）.

[6] 方泽强. 本科层次职业教育的人才培养目标及现实问题 [J]. 职业技术教育，2019（34）.

[7] 刘来泉. 世界技术与职业教育纵览 [M]. 北京：高等教育出版社，2002.

[8] 范唯，郭扬，马树超. 探索现代职业教育体系建设的基本路径 [J]. 中国高教研究，2011（12）.

[9] 郭广军，王明伦. 加快发展现代职业教育的对策研究 [J]. 职业技术教育，2015（04）.

[10] 杨映. 文化传承：大学职能的新发展 [J]. 教育理论探索，2012，28（001）.

[11] 苏志刚. 发展本科层次职业教育的路径策略 [J]. 职教论坛，2021（3）.

[12] 冯向东. 高等教育结构：博弈中的建构 [J]. 高等教育研究，2005（5）.

[13] 陈恩伦，马健云. “双高计划”背景下高水平高职学校人才培养模式改革 [J]. 高校教育管理，2020（3）.

[14] 王兴. 本科层次职业教育人才培养的现实困境、目标定位与路径突破 [J]. 职业技术教育，2020（34）.

[15] 王明伦. 高等职业教育结构及其优化 [J]. 职业技术教育，2001（34）.

[16] 李阳. 浅谈当代大学生就业观念存在的问题及其对策 [J]. 学周刊，2014（4）.

[17] 涂向辉. 本科层次高等职业教育培养目标及其内涵探析 [J]. 中国职业技术教育，2012（27）.

[18][德] 卡尔・雅斯贝尔斯. 什么是教育 [M]. 邹进，译. 上海：三联书店，1991.

[19] 许良英，赵中立，张宣三 . 爱因斯坦文集（第三卷）[M]. 北京：商务印书馆，1979.

[20] 约翰・杜威 . 民主主义与教育 [M]. 北京：人民教育出版社，2001.

[21] 邵波. 我国高等教育大众化进程中的应用型本科教育研究 [D]. 南京：南京师范大学，2009.

[22] 聂伟. 关于将新建本科院校纳入现代职业教育体系构建的探讨——兼论职业教育的边界 [J]. 中国高教研究，2012（11）.

[23] 马陆亭. 应用技术大学建设的若干思考 [J]. 中国高等教育，2014（10）.

[24] 姜大源. 现代职业教育与国家资格框架构建 [J]. 中国职业技术教育，2014（21）.

[25] 任燕红. 大学功能的整体性及其重建 [J]. 重庆：西南大学，2012.

[26] 唐高华. 基于大职业教育理念的现代职业教育体系构建 [J]. 职业技术教育，2011（22）.

[27] 欧阳育良，戴春桃. 论我国现代职业教育体系的构建 [J]. 职业技术教育，2004（1）.

[28] 田琳. 世界一流大学的功能研究 [D]. 上海：上海交通大学，2020.

[29] 闫飞龙. 高等教育评价制度中的权力及其分配 [J]. 教育研究，2012（4）.

[30] 孙簷. 从构建现代职业教育体系角度审视苏州职业教育 [J]. 中国职业技术教育，2012（18）.

[31] 袁贵仁. 转变观念真抓实干开拓进取努力实现高等教育由大到强的历史新跨越 [J]. 中国高等教育，2012（11）.

[32] 江利，黄莉. 应用技术大学“双师型”教师的误区与超越 [J]. 高校教育管理，2015（2）.

[33] 程德华. 教师分类：新建本科向应用技术大学转型的师资保障 [J]. 黑龙江高教研究，2015（2）.

[34] 张泳. 应用型本科院校师资队伍建设的回溯、反思与展望 [J]. 黑龙江高教研究，2014（2）.

[35] 高奇. 职业教育原理 [M]. 北京：光明日报出版社，2019.

[36] 宁莹莹. 现代职业教育理论与实践探索 [M]. 长春：吉林人民出版社，2021.

[37] 闫智勇，吴全全. 现代职业教育体系建设目标研究 [M]. 重庆：重庆大学出版社，2017.

[38] 张海生. 大学职能异化问题及其对策研究 [D]. 合肥：安徽大学，2016.

[39] 范丽娜. 新时代大学精神传承与创新研究 [D]. 南充：西华师范大学，2019.

[40] 程水源. 大学功能的再研判与发展 [J]. 国家教育行政学院学报，2020（2）.

[41] 郭晓冉. 当前我国大学生择业观教育研究 [D]. 成都：电子科技大学，2017.

[42] 李颖. 新时代大学生就业观研究 [D]. 石家庄：河北大学，2021.

[43] 郝天聪. 职业本科教育的历史建构：大历史的视角 [J]. 职教通讯，2022（01）.

[44] 姚荣，雷永贵. 基于职业技术高移化发展的职业教育改革策略 [J]. 教育与职业，2014（36）.

[45] 邓小华. 论职业本科院校的职能定位 [J]. 中国职业技术教育，2021（30）.

[46] 邢晖，郭静. 职业本科教育的政策演变、实践探索与路径策略 [J]. 国家教育行政学院学报，2021（05）.

[47] 王嘉瑶. 本科层次职业教育人才培养目标及实现路径研究 [D]. 石家庄：河北科技大学，2021.

[48] 尹虹宇. 本科层次职业教育人才培养的规格要求研究 [D]. 南昌：江西科技师范大学，2020.

[49] 于海燕. 本科院校职业化转型中的专业改造研究——以 S 校学前教育专业为例 [D]. 西安：陕西师范大学，2015.

[50] 张旸. 本科院校职业化转型中的专业改造研究 [M]. 西安：陕西师范大学出版社，2017.

[51] 吴祖新. 构建职教理论体系框架的思考 [J]. 职教论坛，1995（11）.

[52] 杨欣斌. 职业本科教育人才培养模式的思考与探索 [J]. 高等工程教育研究，2022，（01）.